跟四大名著
学语文

墨墨◎编著　杨长飞◎绘

《西游记》①

（全4册）

北京理工大学出版社
BEIJING INSTITUTE OF TECHNOLOGY PRESS

版权专有　侵权必究

图书在版编目（CIP）数据

跟四大名著学语文：全4册.《西游记》/ 墨墨编著；杨长飞绘. -- 北京：北京理工大学出版社，2024.3
　　ISBN 978-7-5763-3735-8

Ⅰ.①跟… Ⅱ.①墨… ②杨… Ⅲ.①阅读课 - 中小学 - 教学参考资料 Ⅳ.①G634.333

中国国家版本馆CIP数据核字（2024）第061220号

| 责任编辑：马永祥 | 文案编辑：马永祥 |
| 责任校对：刘亚男 | 责任印制：李志强 |

出版发行 / 北京理工大学出版社有限责任公司
社　　址 / 北京市丰台区四合庄路6号
邮　　编 / 100070
电　　话 /（010）68944451（大众售后服务热线）
　　　　　（010）68912824（大众售后服务热线）
网　　址 / http://www.bitpress.com.cn

版 印 次 / 2024年3月第1版第1次印刷
印　　刷 / 天津睿和印艺科技有限公司
开　　本 / 710 mm × 1000 mm　1/16
印　　张 / 27
字　　数 / 259千字
定　　价 / 168.00元（全4册）

图书出现印装质量问题，请拨打售后服务热线，负责调换

目 录

1. 美猴王出世 …………………………… 1
2. 拜师菩提老祖 ………………………… 9
3. 击败混世魔王 ………………………… 15
4. 猴王的成长 …………………………… 21
5. 天宫里当个"弼马温" ………………… 29
6. "齐天大圣"显神威 …………………… 35
7. 大闹蟠桃会 …………………………… 42
8. 悟空被擒 ……………………………… 50
9. 被困八卦炉 …………………………… 58
10. 受困五行山 …………………………… 64

11	高僧玄奘的身世 ……………………	71
12	开启取经路 …………………………	79
13	五行山收孙悟空 ……………………	85
14	收服白龙马 …………………………	93
15	都是袈裟惹的祸 ……………………	100

① 美猴王出世

自盘古开天辟地以来,世界被分为四大部洲。

北俱芦洲

西牛贺洲

东胜神洲

南赡部洲

我们的故事就要从东胜神洲说起……

在东胜神洲海外有个傲来国,靠近大海,海中有座名山,叫"花果山"。

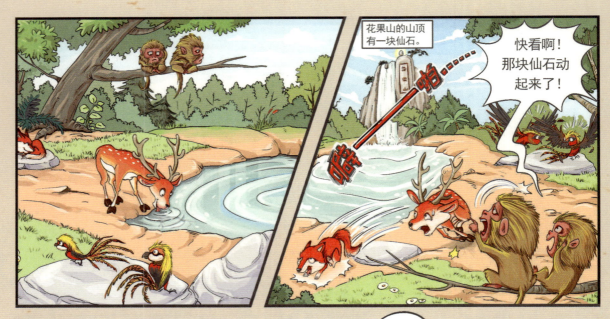

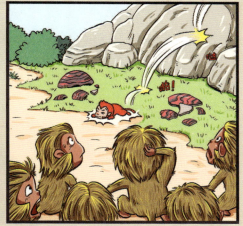

生字闯关

| hùn dùn | níng jié | qí lín | bèng liè |
| 混 沌 | 凝 结 | 麒 麟 | 迸 裂 |

| bì shǔ | yuán hóu | wán qiáng | huāng wú |
| 避 暑 | 猿 猴 | 顽 强 | 荒 芜 |

多音字大挑战

观		当		辟	
guān	guàn	dàng	dāng	pì	bì
观看	道观	家当	当时	开辟	辟邪

词语充电

喜不自胜 ▲
- 释义：指高兴得自己不能控制，形容喜悦到了极点。
- 出处：石猿喜不自胜，急抽身往外便走……
- 例句：班里的学生考上了名牌大学，刘老师喜不自胜。
- 近义词：喜出望外、大喜过望

天造地设 ▲
- 释义：事物自然形成，合乎理想，不必再加工。
- 出处：原来是一座铁板桥。桥那边是一座天造地设的家当。
- 例句：登上峰顶向四周眺望，你才会知道什么是天造地设的景色。
- 近义词：鬼斧神工、天生地设

抓耳挠腮

释义：形容人心里焦急、苦恼、忙乱时无计可施的样子，也形容欢喜而不能自持的样子。

出处：胆小的，一个个伸头缩颈，抓耳挠腮，大声叫喊……

例句：他在考试中遇到了难题，急得抓耳挠腮。

近义词：搓手顿脚、心急火燎

名言积累

禽有禽言，兽有兽语

原文：古云："禽有禽言，兽有兽语。"

释义：这是一句谚语，指的是禽兽之间有各自的表达意思、传达信息的"语言"，可以互相了解。

人而无信，不知其可

原文：石猿端坐上面道："列位呵，'人而无信，不知其可'。"

释义：这句话出自《论语·为政》，指的是人如果失去了信用或不讲信用，不知道他还可以（做什么）。

仿写闯关

● 下面这两个片段的动作描写非常精彩，请你把动词圈出来，想一想作者这样写的好处，再仿写一个同学劳动或学习的小片段。

他瞑目蹲身，将身一纵，径跳入瀑布泉中，忽睁睛抬头观看，那里边却无水无波，明明朗朗的一架桥梁。

跳过桥头，一个个抢盆夺碗，占灶争床，搬过来，移过去，正是猴性顽劣，再无一个宁时，只搬得力倦神疲方止。

1.美猴王出世

大胆表达

● 请认真阅读下面几个问题，谈一谈自己的感想，也可以和同学一起讨论，看看能不能说服对方。

1. 你认为小石猴能够成为美猴王的原因是什么？
2. 如果给你同样的机会，你是更愿意成为美猴王，还是只做众猴中的一员，为什么？

趣味答疑

● 《西游记》里的花果山到底在什么地方？

对于花果山真实的位置，人们的说法并不统一，最出名的是江苏连云港花果山，它位于江苏连云港云台山中麓，别名"苍梧山"，包括136座高低错落的山峰，其中玉女峰海拔接近625米，是江苏最高的山峰。

花果山风景优美、气候温和、光照充足、雨量适中，为动植物生长提供了得天独厚的自然环境。玉女峰茂密的树林中生活着很多活泼可爱的猕猴，难怪这里被人们称为"孙大圣故里"。花果山上还有很多与《西游记》故事相关的景点，像"花果山石""水帘洞""七十二洞""八戒石"等都让游人流连忘返。

生字闯关

yǒng yuè	měng dǒng	jiào huì	duǒ bì
踊跃	懵懂	教诲	躲避

yīn qín	chuán shòu	xuān huá	xǐng wù
殷勤	传授	喧哗	醒悟

多音字大挑战

便
- biàn：方便
- pián：便宜

禅
- chán：参禅
- shàn：禅让

般
- bān：一般
- bō rě：般若

词语充电

不计其数
- 释义：没办法计算数目，形容极多。
- 出处：那祖师出去的徒弟，也不计其数，见今还有三四十人从他修行。
- 例句：国庆期间，外出旅游的人不计其数。
- 近义词：数不胜数、不胜枚举

眉花眼笑（眉开眼笑）
- 释义：形容非常高兴、兴奋的样子。现常用作"眉开眼笑"。
- 出处：喜得他抓耳挠腮，眉花眼笑，忍不住手之舞之，足之蹈之。
- 例句：听说了班级获得流动红旗的好消息，同学们个个眉开眼笑。
- 近义词：眉开眼笑、笑逐颜开

飘洋过海
（漂洋过海）
▲

释义：渡过海洋。多指去异国他乡或远处。现常用作"漂洋过海"。
出处：弟子飘洋过海，登界游方，有十数个年头，方才访到此处。
例句：在国外工作的游子们，要漂洋过海，花上很长时间才能回到自己的家乡。
近义词：远涉重洋、远渡重洋

名言积累

手之舞之，足之蹈之

原文：孙悟空在旁闻讲，喜得他抓耳挠腮，眉花眼笑，忍不住手之舞之，足之蹈之。
释义：形容人高兴到极点，出自《毛诗序》，现常用作"手舞足蹈"。

世上无难事，只怕有心人

原文：悟空道："这个却难！却难！"祖师道："世上无难事，只怕有心人。"
释义：这句谚语的意思是只要肯下决心去做，世界上就没有什么办不好的事情，困难总是可以克服的。

仿写闯关

● 下面这段话用生动的手法描写了水帘洞宴会上丰富的食材，请你数一数一共出现了多少种水果，再看一看作者是从哪些方面（如颜色、形状、大小、味道等）描写水果特点的，然后仿写一个描写水果或蔬菜的小片段。

金丸珠弹腊樱桃，色真甘美；红绽黄肥熟梅子，味果香酸。鲜龙眼，肉甜皮薄；火荔枝，核小囊红。林檎（qín）碧实连枝献，枇杷缃（xiāng）苞带叶擎（qíng）。兔头梨子鸡心枣，消渴除烦更解酲（chéng）。香桃烂杏，美甘甘似玉液琼浆；脆李杨梅,酸荫荫如脂酸膏酪(lào)。红囊黑子熟西瓜,四瓣黄皮大柿子。石榴裂破,丹砂粒现火晶珠;芋栗剖开,坚硬肉团金玛瑙。

大胆表达

● 请认真阅读下面几个问题,谈一谈自己的感想,也可以和同学一起讨论,看看能不能说服对方。

1. 在孙悟空拜师的故事中,你发现他有哪些良好的品质?
2. 你认为孙悟空为什么会被师父赶走,你从他身上吸取了哪些教训?

趣味答疑

● 故事中的"斜月三星洞"在现实中有原型吗?

斜月三星洞是有原型的,有人说它在现在的甘肃灵台的高志山上,这座山远看造型独特,孤峰突起,显得很不寻常,有很多人说这就是《西游记》中孙悟空学艺的地方。

但也有人说,斜月三星洞在福建泉州的紫帽山里。据传,道教南宗的祖师张伯端(紫阳真人)花费了很长时间,在山石上刻下了100个"心"字。他还在其中一个"心"字石刻旁,刻了一首小诗:"三点如星现,一钩似月斜。披毛从此出,做佛也由他。"有人说"斜月三星洞"的名字就来自这首诗。

生字闯关

xiǎn jùn	xún mì	qì xiè	jiǎ zhòu
险峻	寻觅	器械	甲胄

piāo dàng	lěi luò	chāng kuáng	cù yōng
飘荡	磊落	猖狂	簇拥

多音字大挑战

脏
- zāng 肮脏
- zàng 五脏

数
- shù 无数
- shǔ 数落
- shuò 数见不鲜

传
- chuán 传授
- zhuàn 传记

词语充电

舍死忘生（舍生忘死）

释义： 不顾死亡，忘记生命。形容把个人生死置之度外。现常用作"舍生忘死"。

出处： 是我等舍死忘生，与他争斗。

例句： 革命先烈为了新中国的成立，舍生忘死，奉献出了宝贵的生命。

近义词： 舍生忘死、视死如归

赤手空拳

释义：两手空空，什么东西也没有。可以指打斗时手中没有任何武器，也可以用来比喻毫无凭借。

出处：不僧不俗，又不像道士神仙，赤手空拳，在门外叫哩。

例句：勇敢的军人赤手空拳制伏了持刀抢劫的歹徒。

近义词：手无寸铁、徒手空拳

随波逐流

释义：随着波浪起伏，顺着流水漂荡。可以用来比喻没有原则或主见，只知道"随大流"的人。

出处：我当年别汝等，随波逐流，飘过东洋大海……

例句：我们遇到问题一定要有主见，不能随波逐流。

近义词：随声附和、趁波逐浪

名言积累

借你口中言，传我心内事

原文：悟空道："休走！借你口中言，传我心内事。我乃正南方花果山水帘洞洞主。"

释义：这是一句谚语，指通过别人的言语表达自己的心意。

一窍通，百窍通

原文：我如今一窍通，百窍通，我也会弄。

释义：意思是只要掌握了某一事物的关键，就能融会贯通地把握和它有联系的事物的关键。这句谚语和"一理通，百法通""一通百通"的意思相近。

仿写闯关

● 下面这段话具体地描写了"混世魔王"的体貌特征和衣着打扮。请你分析作者在描写人物时运用了怎样的观察顺序，再用同样的顺序仿写一个小片段。

悟空急睁睛观看，只见那魔王：头戴乌金盔，映日光明；身挂

3. 击败混世魔王

皂罗袍，迎风飘荡。下穿着黑铁甲，紧勒皮条；足踏着花褶靴，雄如上将。腰广十围，身高三丈。手执一口刀，锋刃多明亮。称为混世魔，磊落凶模样。

大胆表达

● 请认真阅读下面几个问题，谈一谈自己的感想，也可以和同学一起讨论，看看能不能说服对方。

1. 从混世魔王的语言和行为中，你能看出他有什么样的性格特点？
2. 你认为孙悟空能够击败混世魔王，除了武艺高强外，还有什么原因？

趣味答疑

● 孙悟空的身高到底是多少？

对于孙悟空的身高，一般有两种说法。第一种是孙悟空身高七尺，是个顶天立地的大英雄；第二种是孙悟空非常矮小，身高远不及普通成年人。考虑到菩提祖师曾说孙悟空"身躯鄙陋"，有矮小丑陋的意思，而"混世魔王"也说孙悟空的身高还不足"四尺"，所以这第二种说法显然更加可信。

由于《西游记》的作者吴承恩是明代人，参考当时的长度单位（以嘉靖牙尺为准），我们可以知道一尺大概是 32 厘米（这与现代一尺约为 33.33 厘米不同），所以孙悟空的实际身高还不到 128 厘米。不过，矮小的身材并不会影响孙悟空的英雄气概，他仍然是深受我们喜爱的"齐天大圣"。

生字闯关

yāo he	shú ān	tuī cí	kǒng jù
吆喝	熟谙	推辞	恐惧

guō zào	méng lóng	dài màn	diào qiǎn
聒噪	朦胧	怠慢	调遣

多音字大挑战

擂		好		藏	
léi	lèi	hǎo	hào	cáng	zàng
擂鼓	擂台	好多	好学	躲藏	宝藏

词语充电

光天化日 ▲

释义： 本意指太平盛世，也指大白天，现在用来比喻大家能够看清楚是非、好坏的场合。

出处： 果见那厢有座城池，六街三巷，万户千门，来来往往，人都在光天化日之下。

例句： 光天化日之下，这个小偷竟然当街行窃，真是无法无天！

近义词： 青天白日、众目睽睽

飞沙走石 ▲

释义：沙土飞扬，石块滚动。形容风刮得很猛的样子。

出处：……呼的吹将去，便是一阵狂风，飞沙走石，好惊人也。

例句：台风来了，外面飞沙走石、天昏地暗，十分吓人。

近义词：飞沙走砾、飞沙转石

胆战心惊 ▲

释义：形容十分害怕的样子。"战"通"颤"，指发抖的样子。

出处：你看他弄神通，丢开解数，打转水晶宫里。唬得老龙王胆战心惊……

例句：每次回想那段惊险的经历，他都会胆战心惊。

近义词：心惊胆战、惊慌失措

名言积累

一客不犯二主

原文：悟空道："'一客不犯二主。'若没有，我也定不出此门。"

释义：意思是一件事情全部由一个人承担，不用麻烦第二人。也可以写成"一客不烦二主"。

走三家不如坐一家

原文：悟空又道："'走三家不如坐一家。'千万告求一副。"

释义：这句俗语的意思是与其奔波到各家、各处去求助，还不如专心向最有把握的一家或一处求助。

仿写闯关

● 下面这段话描述了孙悟空拿着金箍棒大显神通的画面，请你分析一下其中运用了什么修辞手法，再试着用这种修辞手法造句。

他就长的高万丈，头如太山，腰如峻岭，眼如闪电，口似血盆，牙如剑戟；手中

4.猴王的成长

那棒，上抵三十三天，下至十八层地狱，把些虎豹狼虫，满山群怪，七十二洞妖王，都唬得磕头礼拜，战兢兢魄散魂飞。

大胆表达

● 请认真阅读下面几个问题，谈一谈自己的感想，也可以和同学一起讨论，看看能不能说服对方。

1. 你如何评价孙悟空向东海龙王讨要宝贝的做法？如果是你，你会怎样说服东海龙王把金箍棒送给自己？

2. 从孙悟空大闹幽冥界的故事中，你能够看出他有怎样的性格特征？

趣味答疑

● 孙悟空的金箍棒为什么又叫"定海神针"？

金箍棒是孙悟空的独门兵器，它能够随心所欲地变大、变小、变粗、变细，非常神奇。关于它的来历，《西游记》中介绍说它本来是太上老君冶炼的神铁，后来被大禹借走，成了治水时使用的测量工具。多年后，它被遗落在东海的海底，成了一块"天河定底的神珍铁"。

那么，人们为什么要把"神珍"说成是"神针"呢？这主要是因为孙悟空得到它后，经常把它变成绣花针大小，放进耳朵里，从它的形状来看，叫"神针"更为合适。慢慢地，大家也就习惯了这种说法。现在，"定海神针"也被用来比喻能够稳定混乱的局面、对事情成功起到关键作用的人。

❺ 天宫里当个"弼马温"

生字闯关

奸(jiān)诈(zhà)　琉(liú)璃(lí)　芙(fú)蓉(róng)　玉(yù)簪(zān)

翱(áo)翔(xiáng)　珊(shān)瑚(hú)　闲(xián)暇(xiá)　官(guān)衔(xián)

多音字大挑战

朝
- cháo 朝圣
- zhāo 朝气

转
- zhuǎn 转身
- zhuàn 转动
- zhuǎi 转文

降
- xiáng 降妖
- jiàng 降落

词语充电

战战兢兢 ▲

释义：形容因为害怕而微微发抖的样子，也可以用来形容小心谨慎的样子。

出处：南海龙战战兢兢，西海龙凄凄惨惨，北海龙缩首归降。

例句：因为担心考试会出错，大家都战战兢兢的，丝毫不敢大意。

近义词：不寒而栗、如履薄冰

玲珑剔透 ▲

释义：形容器物精致透明、结构奇巧，也比喻人头脑灵活、活泼乖巧。

出处：复道回廊，处处玲珑剔透；三檐四簇，层层龙凤翱翔。

例句：这件水晶工艺品玲珑剔透，令人爱不释手。

近义词：小巧玲珑、聪明伶俐

素不相识

释义：向来就不认识。素，平素，向来。

出处：你自来未曾到此天堂，却又无名，众天丁又与你素不相识，他怎肯放你擅入？

例句：他非常善良，哪怕是素不相识的人遇到了困难，他也会立刻伸出援手。

近义词：素昧平生、萍水相逢

名言积累

赊三不敌见二

原文：悟空道："我老孙不去！不去！俗语谓'赊三不敌见二'，只望你随高就低的送一副便了。"

释义：这句谚语的意思是宁可少得些现钱，也不接受不牢靠的欠账。也指空口答应得再好，也不如马上兑现。赊，赊账。敌，敌，抵。见，同"现"。

点头径过三千里，扭腰八百有馀程

原文：把那万里之遥，只当庭闱之路，所谓点头径过三千里，扭腰八百有馀程。

释义：点一下头就过了三千里，扭一下腰就有八百余里的路程。形容飞行速度极为迅捷。径，径直。馀，同"余"。

仿写闯关

● 下面这段话描写了天宫富丽堂皇、气魄万千的景象，其中大量运用了ABB式的词语，如"碧沉沉""圆丢丢""亮灼灼"等，请你将这些词语圈出来，再试着写一些类似的词语，然后用这些词语造几个句子。

只见那南天门，碧沉沉，琉璃造就；明幌幌，宝玉妆成……上面有个紫巍巍，明幌幌，圆丢丢，亮灼灼，大金葫芦顶；下面有天妃悬掌扇，玉女捧仙巾。恶狠狠，掌朝的天将；气昂昂，护驾的仙卿。

大胆表达

● 请认真阅读下面几个问题,谈一谈自己的感想,也可以和同学一起讨论,看看能不能说服对方。

1. 你怎么评价孙悟空在灵霄宝殿上的表现?如果是你,你会怎么做呢?

2. 请你想象一下,在御马监里,孙悟空是如何对待工作的?再分析一下这体现了孙悟空什么样的性格特点。

趣味答疑

● "弼马温"到底是一个什么样的官职?

孙悟空被玉皇大帝封为"弼马温",这里的"弼"有辅助的意思,又和"避"谐音;"温"与"瘟"谐音,有发瘟病的意思,所以"弼马温"其实指的就是"避马瘟"。

古人认为,在马厩里养猴子能够有效预防马瘟病,这是因为猴子活泼好动,经常"骚扰"马匹,会让马匹保持活跃,有助于提升身体素质和抗病能力。根据这一点,玉皇大帝假造了"弼马温"这个官职,看似是承认了孙悟空的能力,还对他进行"重用",实际上却是在嘲笑和侮辱孙悟空,所以孙悟空得知真相后,顿时勃然大怒,离开了天宫。后来在取经路上,猪八戒和各种妖怪也经常用"弼马温"这个称谓取笑孙悟空,让孙悟空又气又羞。

6 "齐天大圣"显神威

生字闯关

zǒng dū	jīng qí	yíng zhài	páo xiào
总督	旌旗	营寨	咆哮

guī yī	kuáng wàng	fèng lù	qián kūn
皈依	狂妄	俸禄	乾坤

多音字大挑战

兴
xīng	xìng
兴师	高兴

将
jiāng	jiàng	qiāng
即将	将领	将进酒

称
chēng	chèn
自称	相称

词语充电

神通广大 ▲

释义：本意是法术广大无边，可以用来形容本领高超，无所不能。

出处：弼马温是果神通广大！末将战他不得，败阵回来请罪。

例句：她真是神通广大，别人办不到的事，她却总有办法办成。

近义词：无所不能、法力无边

6. "齐天大圣"显神威

地动山摇

释义：形容声势浩大或斗争激烈。

出处：这场斗，真个是地动山摇，好杀也——

例句：火箭发射成功了！那一瞬间地动山摇，场面非常震撼。

近义词：天翻地覆、天崩地裂

威风凛凛

释义：形容声势或气派使人敬畏、恐惧。凛凛，气势逼人的样子。

出处：这番比前不同，威风凛凛，杀气森森，各样妖精，无般不有。

例句：在那高高的主席台上，端坐着一位威风凛凛的将军。

近义词：英姿勃勃、气势汹汹

名言积累

天上一日，地上一年

原文：众猴道："大王，你在天上，不觉时辰。天上一日，就是下界一年哩。"

释义：意思就是在天上度过了一天，地上就过去了一年。也可以写成"天上一日，人间一年"。

效犬马之劳

原文：肯不弃鄙贱，收纳小人，亦得效犬马之劳。

释义：意思是愿像犬马那样为君主奔走效力，表示心甘情愿为人效劳。

仿写闯关

● 下面这段话描写了哪吒用六样武器与孙悟空打斗的场面，你认为其中运用了哪些修辞手法，请你试着用这些修辞手法写一段话。

　　斩妖宝剑锋芒快，砍妖刀狠鬼神愁；缚妖索子如飞蟒，降妖大杵（chǔ）似狼头；火轮掣（chè）电烘烘艳，往往来来滚绣球。

大胆表达

● 请认真阅读下面几个问题，谈一谈自己的感想，也可以和同学一起讨论，看看能不能说服对方。

1. 孙悟空为什么要自封"齐天大圣"？
2. 孙悟空是如何打败巨灵神、哪吒三太子的？请你用自己的话简单地讲一讲。

趣味答疑

● 哪吒的名字是什么意思？他为什么会被称为"三太子"？

哪吒（Nézhā）是《西游记》中一个比较重要的人物。根据《康熙字典》和《辞海》中的记载，"哪"指"傩"（nuó），有驱邪消灾的意思，"吒"指叱、咤，有叱吓邪恶的意思，所以"哪吒"这个名字有驱邪除怪、叱咤风云的意思，也代表了至高无上的神威。

至于哪吒为什么被称为"三太子"，是因为"太子"最初并不单指皇帝的继承人，在商周时期，诸侯、王爷的儿子也可以被称为"太子"，而哪吒的父亲李靖贵为托塔天王，他又有两个哥哥金吒、木吒，所以他自然就成了"三太子"。

生字闯关

pán táo	yān zhi	qí pā	zāi péi
蟠桃	胭脂	奇葩	栽培

yīn yūn	piāo miǎo	liàng qiàng	zhēng róng
氤氲	缥缈	踉跄	峥嵘

多音字大挑战

冠		着				差			
guān	guàn	zháo	zhe	zhuó	zhāo	chāi	chā	cī	chà
皇冠	冠军	睡着	拿着	着装	着数	差遣	差额	参差	差不多

词语充电

自由自在 ▲
- 释义：形容不受拘束和限制，十分安闲舒适的样子。
- 出处：那齐天府下二司仙吏，早晚伏侍，只知日食三餐，夜眠一榻，无事牵萦，自由自在。
- 例句：一群鸟儿在蔚蓝的天空中自由自在地飞翔。
- 近义词：无拘无束、安闲自在

光明正大 ▲
- 释义：指心怀坦荡，言行正派。正大，公正无私。
- 出处：大仙是个光明正大之人，就以他的诳语作真。
- 例句：爸爸经常教育我，要做一个光明正大的人。
- 近义词：光明磊落、名堂正道

玉液琼浆

释义： 本义是用美玉制成的浆液，传说喝下可以成仙。现在用来比喻美酒或甘美的浆汁。

出处： ……在那里洗缸刷瓮，已造成了玉液琼浆，香醪佳酿。

例句： 这种酒清澈碧绿，浓香扑鼻，好像琼浆玉液一般，让人垂涎三尺。

近义词： 玉液金波、仙露琼浆

名言积累

与天地齐寿，日月同庚

原文： 后面一千二百株，紫纹缃核，九千年一熟，人吃了与天地齐寿，日月同庚。

释义： 意思是有天和地那样长久的寿命，和太阳、月亮一样的岁数。庚，年龄。

今岁不比往年

原文： 今岁不比往年了，玉帝点差齐天大圣在此督理，须是报大圣得知，方敢开园。

释义： 今年的情况不同于往年了。岁，年。不比，不同于，有差异。现常用作"今非昔比"。

仿写闯关

● 下面这段描写蟠桃的文字十分优美，其中"酡颜醉脸""凝烟肌""丹姿"等语句采用了拟人的修辞手法，让蟠桃的样子更加生动逼真。请你思考这样写的好处，再仿写几个拟人句。

先熟的，酡（tuó）颜醉脸；还生的，带蒂青皮。凝烟肌带绿，映日显丹姿。树下奇葩并异卉，四时不谢色齐齐。左右楼台并馆舍，盈空常见罩云霓（ní）。

大胆表达

● 请认真阅读下面几个问题，谈一谈自己的感想，也可以和同学一起讨论，看看能不能说服对方。

1. 明知猴子爱吃桃子，玉皇大帝为什么还要让孙悟空去管理蟠桃园？
2. 孙悟空为什么要说自己闯了"比天还大"的祸？他此刻的心情是怎样的？

趣味答疑

● "蟠桃"在现实中是一种什么样的水果？

《西游记》中的蟠桃是一种仙果，吃下后能够延长人的寿命，甚至能够让普通人飞升成仙。那么，在现实生活中，蟠桃真的存在吗？答案是肯定的，但它只是一种普通的水果，并没有什么神奇的功效，而且它的外形也很奇特，并不是又圆又大又红的，而是扁平状的，个头比普通的桃子小一点儿，上面还有深深的沟纹。

这种蟠桃虽然不能让人"长生不老"，但它含有丰富的营养成分，其中含铁量较高，在水果中几乎居于首位，所以适当吃一些蟠桃对身体也是有好处的。

8 悟空被擒

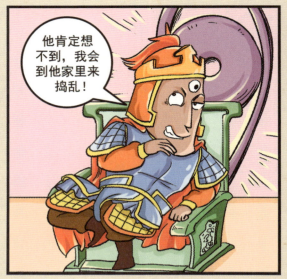

生字闯关

ān xiē	yí rán	chāng jué	shà qì
安歇	怡然	猖獗	煞气

jiǎo chú	wài sheng	liáo yá	chuāng líng
剿除	外甥	獠牙	窗棂

多音字大挑战

宿

sù	xiǔ	xiù
借宿	一宿	星宿

琢

zhuó	zuó mo
金钢琢	琢磨

喝

hè	hē
喝彩	喝水

词语充电

水泄不通 ▲

释义：就连水都流不出去。形容拥挤或包围得非常严密。

出处：见那天罗地网，密密层层，各营门提铃喝号，将那山围绕的水泄不通。

例句：这条狭窄的巷子被围观的人群挤得水泄不通。

近义词：人山人海、观者如堵

精神抖擞 ▲

释义：形容精神振作，情绪饱满的样子。

出处：太阴星精神抖擞，太阳星照耀分明。

例句：运动员们列队进入赛场，他们个个精神抖擞，斗志昂扬。

近义词：精神饱满、容光焕发

> **释义**：天空地面都张满了罗网，形容包围严密的样子，比喻对敌人、逃犯等的严密防范。
>
> **天罗地网**
>
> **出处**：朕心为此烦恼，故调十万天兵，天罗地网收伏。
>
> **例句**：公安干警已经在这里布下了天罗地网，犯罪分子插翅难飞。
>
> **近义词**：云罗天网、网罗密布

名言积累

美不美，家乡水。亲不亲，故乡人

原文："常言道：'美不美，乡中水。'"大圣道："你们就是'亲不亲，故乡人。'"

释义：无论味道是否甜美，家乡的水都是好喝的；无论关系是否亲密，故乡人都是可亲的。意思是对家乡的人和事物都感到亲切美好。

胜败乃兵家常事

原文：大圣道："胜负乃兵家之常。古人云：'杀人一万，自损三千。'……"

释义：胜利或失败是带兵打仗的人经常碰到的事，指不要把偶然的一次失败或胜利看得过重。也可以写成"胜负乃兵家常事"。

仿写闯关

● 下面这段话通过描写环境来渲染紧张的战斗氛围，使人有一种身临其境的感觉。请你分析一下作者是从哪些方面描写环境的（如气候、景物、动物、声音等），再试着仿写一个小片段。

寒风飒（sà）飒，怪雾阴阴。那壁厢旌旗飞彩，这壁厢戈戟生辉。滚滚盔明，层层甲亮。滚滚盔明映太阳，如撞天的银磬；层层甲亮砌岩崖，似压地的冰山……杀得那空中无鸟过，山内虎狼奔；扬砂走石乾坤黑，播土飞尘宇宙昏。只听兵兵朴朴惊天地，煞煞威威振鬼神。

大胆表达

● 请认真阅读下面几个问题,谈一谈自己的感想,也可以和同学一起讨论,看看能不能说服对方。

1. 孙悟空的"七十二变"为什么会被二郎神识破?
2. 你认为孙悟空被擒的原因有哪些?

趣味答疑

● 《西游记》中的灌江口在什么地方?

在《西游记》中,灌江口指的是二郎神居住的地方,也是二郎神祖庙(二王庙)的所在地。有人说灌江口位于四川灌县(现在的都江堰市)一带,也有人说它在江苏灌云燕尾港镇团港社区灌河口,考虑到《西游记》的作者吴承恩是江苏淮安人,第二种说法更加可信。

据说,吴承恩在撰写《西游记》时曾乘船顺灌河而下,发现灌河口与花果山近在咫尺,唇齿相依,便产生了灵感,在书中加入了"二郎神与孙悟空大战灌江口"这一段,而灌河也被称为"灌江";距灌河口不远的地方还有一个"二圣港"(二郎神也叫"二圣"或"小圣"),这也可以印证第二种说法。

生字闸关

huī jìn	shǎng cì	pí pa	róu cuō
灰 烬	赏 赐	琵 琶	揉 搓

diān xián	kuāng fú	áo zhàn	gèn gǔ
癫 痫	匡 扶	鏖 战	亘 古

多音字大挑战

攒
zǎn	cuán
积攒	攒动

嚷
rǎng	rāng rang
吵嚷	嚷嚷

刹
chà	shā
古刹	刹车

词语充电

火眼金睛

释义：原指孙悟空能识别妖魔鬼怪的眼睛；后用来形容人的眼光锐利，能够辨识真伪。

出处：只是风搅得烟来，把一双眼熰（chǎo，熏）红了，弄做个老害病眼，故唤作"火眼金睛"。

例句：同学们在考卷上出现的每一个小错误，都逃不过阅卷老师的火眼金睛。

近义词：明察秋毫、独具慧眼

不分好歹

释义：意思是不分好坏，不辨是非。

出处：即去耳中掣出如意棒，迎风幌一幌，碗来粗细，依然拿在手中，不分好歹，却又大乱天宫……

例句：小涛明明是想帮你，可你怎么能不分好歹，埋怨他多管闲事呢？

近义词：是非不分、混淆黑白

本来面目

释义：原是佛教用语，指人的本性；后来多比喻事物原本的模样。

出处：但恐遭了毒手，性命顷刻而休，可惜了你的本来面目！

例句：他终于露出了本来面目，那副模样让人大吃一惊。

近义词：庐山真面、原形毕露

名言积累

七十二般变化

原文：我有七十二般变化，万劫不老长生；会驾筋斗云，一纵十万八千里。

释义：原指孙悟空神通广大，有七十二般变化的本领。后用来形容变化多端的策略、手段等。

皇帝轮流做，明年到我家

原文：他虽年劫修长，也不应久占在此。常言道："皇帝轮流做，明年到我家。"

释义：这句谚语的意思是谁都可以做帝王或高官。

仿写闯关

● 下面这个片段描写了孙悟空逃出八卦炉后的一系列动作表现，请你把动词圈出来，再仿写一个连贯动作的小片段。

猛睁睛看见光明，他就忍不住，将身一纵，跳出丹炉，唿喇（hū lǎ）一声，蹬倒八卦炉，往外就走。慌得那架火、看炉与丁甲一班人来扯，被他一个个都放倒，好似癫痫的白额虎，风狂的独角龙。老君赶上抓一把，被他一摔（zuó），摔了个倒栽葱，脱身走了。

大胆表达

● 请认真阅读下面几个问题，谈一谈自己的感想，也可以和同学一起讨论，看看能不能说服对方。

1. 你认为天庭对孙悟空的判罚公正吗？为什么？
2. 请你用自己的话说一说孙悟空的火眼金睛是怎么炼出来的？

趣味答疑

● 《西游记》中的玉皇大帝年龄有多大？

在《西游记》第七回中，如来说过这样一句话："他（玉帝）自幼修持，苦历过一千七百五十劫，每劫该十二万九千六百年。你算，他该多少年数，方能享受此无极大道？"这里的"劫"是佛教计算时间的单位，又分成大劫、中劫、小劫，如来说"每劫该十二万九千六百年"指的就是"大劫"，而玉帝已经经历过1750个大劫，所以他的年龄用乘法计算是2.268亿年，这是一个非常惊人的数字。

玉皇大帝经历过如此漫长的岁月，他的能力和见识肯定不是一般神仙能够比较的，自然有资格成为天庭的最高统治者，而"初出茅庐"的孙悟空认为这个位置自己也能坐，其实是小看玉皇大帝了。

10 受困五行山

生字闯关

zhān yǎng	liáo rào	bīn fēn	áo yóu
瞻仰	缭绕	缤纷	遨游

mǐng dǐng	shén qí	jiǎo luàn	qī liáng
酩酊	神祇	搅乱	凄凉

多音字大挑战

撒
sā	sǎ
撒谎	撒播

会
huì	kuài
会面	会计

帖
tiē	tiè	tiě
妥帖	碑帖	请帖

词语充电

未卜先知 ▲

释义：没有通过占卜便能事先知道，形容有预见性。
出处：莫非有个未卜先知的法术？我决不信！不信！等我再去来！
例句：世事难料，谁又真的能够未卜先知呢？
近义词：料事如神、先见之明

恶贯满盈 ▲

释义：罪恶多得像穿钱一样，已经穿满了一根绳子。贯，穿钱的绳子。
出处：恶贯满盈今有报，不知何日得翻身。
例句：那个恶贯满盈的罪犯终于得到了应有的制裁。
近义词：罪大恶极、罪恶滔天

觥筹交错

释义：酒杯和酒筹杂乱地放着，形容许多人聚会饮酒的热闹情景。觥（gōng），古代的一种酒器。筹，行酒令用的筹码。

出处：王母正着仙姬仙子歌舞，觥筹交错，不多时，忽又闻得：一阵异香来鼻噢，惊动满堂星与宿。

例句：只见宴会上人们身着华服，举杯畅饮，其间觥筹交错，热闹非凡。

近义词：推杯换盏、飞觥献斝

名言积累

洞里乾坤任自由，壶中日月随成就

原文：洞里乾坤任自由，壶中日月随成就。遨游四海乐清闲，散淡十洲容辐辏。

释义：洞里、壶中的空间看似狭小，却藏着一片自由自在的天地，原指道家的神仙生活，也可用来形容悠闲、清静无为的样子。

渴饮溶铜捱岁月，饥餐铁弹度时光

原文：渴饮溶铜捱岁月，饥餐铁弹度时光。天灾苦困遭磨蜇，人事凄凉喜命长。

释义：口渴了，让他喝熔化的铜汁熬日子；肚子饿了，就给他吃铁丸子充饥，体现了孙悟空被困后艰难痛苦的处境。

仿写闯关

● 作者写到寿星（南极仙翁）出现时，没有直接描写人物的外貌，而是通过"一阵异香"和众人的表现，侧面烘托人物的特点，请你试着用这种办法描写一位自己比较熟悉的人物。

　　一阵异香来鼻噢，惊动满堂星与宿。天仙佛祖把杯停，各各抬头迎目候。霄汉中间现老人，手捧灵芝飞蔼绣。葫芦藏蓄万年丹，宝箓名书千纪寿。

大胆表达

● 请认真阅读下面几个问题，谈一谈自己的感想，也可以和同学一起讨论，看看能不能说服对方。

    1. 在和如来的比试中，孙悟空犯了哪些错误？
    2. 孙悟空被镇压在五行山下后，天庭为什么要举办"安天大会"？

趣味答疑

● "五行山"到底在哪里？

    《西游记》第七回中有孙悟空被镇压在"五行山"下的情节。有的人会把"五行山"与"五指山"混淆，认为五行山的原型在海南五指山市，那里确实有一座形似五根手指的山脉，也是我国的名山之一，可它并不是真正的"五行山"。

    在原文中，如来其实是用手指化成"金木水火土"这"五行"，形成了五座相连的山峰，所以才叫"五行山"，而不是"五指山"。也有人指出"五行山"指的是太行山，它是我国东部地区的重要山脉，也是山西与河北、河南两省的天然界山，可它所处的位置又不符合唐僧西行的路线。还有人认为，五行山的具体位置在宁夏的积石山脉达力加山……五行山到底在哪里，至今也有没有统一的说法，而书中指出"天降此山"，所以它很可能是作者虚构的地名。

生字闯关

mí lù	jiā shā	jǐn jì	chì zhà
麋鹿	袈裟	谨记	叱咤

dīng zhǔ	jīng hài	bù lǚ	juàn gù
叮嘱	惊骇	步履	眷顾

多音字大挑战

折
zhē	shé	zhé
折腾	折本	折磨

应
yīng	yìng
应当	回应

任
Rén	rèn
任丘	任务

词语充电

肉眼凡胎 ▲

释义：指平凡的普通人，也形容目光浅薄的平庸之人。肉眼，凡人的眼睛。凡胎，凡人的身体。

出处：木叉道："我把你个肉眼凡胎的泼物！我是南海菩萨的徒弟。这是我师父抛来的莲花，你也不认得哩！"

例句：这些人肉眼凡胎，竟没发现他是个了不起的大人物。

近义词：凡夫俗子、肉眼凡夫

无计可施 ▲

释义：指一点儿办法也没有。计，计谋，办法。施，施展。

出处：小姐醒来，句句记得，将子抱定，无计可施。

例句：服务员百般狡辩，我们无计可施，只得打消了维权的念头。

近义词：束手无策、无法可想

沉鱼落雁 ▲

释义：鱼见到（她）会沉入水底，大雁见到（她）会降落到地上，形容女子容貌非常美丽，经常与"闭月羞花"合用。

出处：殷小姐面如满月，眼似秋波，樱桃小口，绿柳蛮腰，真个有沉鱼落雁之容，闭月羞花之貌。

例句：她长得沉鱼落雁、闭月羞花，即使不打扮，也能让人眼前一亮。

近义词：国色天香、花容月貌

名言积累

和风吹柳绿，细雨点花红

原文：离了长安登途，正是暮春天气，和风吹柳绿，细雨点花红。

释义：和煦的春风仿佛把柳枝都吹绿了，丝丝小雨仿佛把花儿都点染得红艳动人。这两句诗描写了春天微风习习、细雨霏霏、柳绿花红的画面。

救人一命，胜造浮图

原文：出家人慈悲为本，救人一命，胜造浮图。

释义：浮图，同"浮屠"，佛塔。意为救人一命，胜过建造佛塔，功德无量。用来劝人向善。现常用作"救人一命，胜造七级浮屠"。

仿写闯关

● 下面这个片段写出了锦襕袈裟的不凡之处，请你分析一下作者描写了袈裟的哪些特点（如材质、工艺、颜色、装饰品等），再以身边熟悉的物品为对象，仿写一个小片段。

这袈裟是冰蚕造炼抽丝，巧匠翻腾为线。仙娥织就，神女机成，方方簇幅绣花缝，片片相帮堆锦篸（kòu）。玲珑散碎斗妆花，色亮飘光喷宝艳。穿上满身红雾绕，脱来一段彩云飞……四角上有夜明珠，攒顶间一颗祖母绿。

11. 高僧玄奘的身世 | 77

大胆表达

● 请认真阅读下面几个问题，谈一谈自己的感想，也可以和同学一起讨论，看看能不能说服对方。

1. 五百年后，孙悟空的性格有什么变化？
2. 玄奘为什么能被观音菩萨选中，成为"取经人"？

趣味答疑

● 历史上真的有高僧玄奘吗？

玄奘是真实存在的，他是唐代著名的高僧，本名叫陈祎，被尊称为"三藏法师"。《西游记》中的"唐僧"就是以他为原型创造出的经典人物。

公元629年，玄奘从长安出发，历经千辛万苦，西行5万里来到印度，在那烂陀寺学习佛法，后来又在印度各地游学。公元645年，他回到了长安，带回了经书657部。此后，他长期从事翻译佛经的工作，和弟子一共翻译出75部共1335卷佛经。他还把自己西行经过的110个国家及传闻中的28个国家的山川、地貌、物产、习俗等编写成《大唐西域记》12卷。

生字闯关

qiáo cuì	àn dàn	cuó é	lǎo sǒu
憔悴	黯淡	嵯峨	老叟

jiāng shéng	chuò hào	pī lì	lǎo yù
缰绳	绰号	霹雳	老妪

多音字大挑战

重
- zhòng 重量
- chóng 重叠

度
- dù 难度
- duó 猜度

更
- gēng 变更
- gèng 更加

词语充电

马不停蹄

释义：马不停止地急促地向前跑。比喻不间断地行进。

出处：一二日马不停蹄，早至法门寺。

例句：下午学校的课程刚结束，她就马不停蹄地赶到兴趣班学围棋。

近义词：马不解鞍、快马加鞭

魂飞魄散

释义：原意是吓得连魂魄都飞散了。形容惊恐万分、极端害怕的样子。

出处：唬得个三藏魂飞魄散，二从者骨软筋麻。

例句：大巴车差一点儿掉入深谷，吓得游客们魂飞魄散。

近义词：魂飞胆破、魂不附体

张牙舞爪

释义：本意指野兽张开嘴巴、挥舞爪子的可怕模样，现多比喻人猖狂凶恶的样子。

出处：那一个张牙舞爪，这一个转步回身。

例句：他就像一只被围困的野兽，张牙舞爪，暴跳如雷。

近义词：凶相毕露、龇牙咧嘴

名言积累

影动星河近，月明无点尘

原文：斋后不觉天晚。正是那：影动星河近，月明无点尘。

释义：树影摇曳，天上的星河仿佛近在咫尺；月光明亮，空中、地上似乎没有半点尘埃。这句诗通过描写幽静、安宁的景色，衬托出唐僧心境的从容、恬淡。

竹敲残月落，鸡唱晓云生

原文：早又是竹敲残月落，鸡唱晓云生。那众僧起来，收拾茶水早斋。

释义：天边的一轮残月伴随着打更的声音悄然落下，一声鸡鸣后，晓云初生，天快亮了。这句诗描写了清晨的景色。

仿写闯关

● 在下面这个片段中，作者写出了秋天最具代表性的景象。请你试着分析一下，作者都写出了哪些景物，再仿写一个描写秋景的小片段。

三藏遂直西前进。正是那季秋天气。但见：数村木落芦花碎，几树枫扬红叶坠。路途烟雨故人稀，黄菊丽，山骨细，水寒荷破人憔悴。白蘋红蓼（liǎo）霜天雪，落霞孤鹜（wù）长空坠。依稀黯淡野云飞，玄鸟去，宾鸿至，嘹嘹呖（lì）呖声宵碎。

大胆表达

● 请认真阅读下面几个问题,谈一谈自己的感想,也可以和同学一起讨论,看看能不能说服对方。

1. 从唐僧遇到的第一场灾难中,你看出他有怎样的性格特点?
2. 太白金星为什么要对唐僧嘱咐那句话?

趣味答疑

● 刘伯钦为什么不愿越过两界山?

唐僧为刘伯钦的父亲念经超度,刘伯钦答应送他一程。可是到了两界山,刘伯钦却不愿意向前走了,这是为什么呢?

根据刘伯钦自己的说法,两界山(五行山)位于大唐和鞑靼(来自北方草原的游牧民族建立的政权)的交界处,作为大唐子民,刘伯钦当然不能随便越过边界了,否则可能有生命危险。不仅如此,刘伯钦还说过"那厢狼虎,不伏我降"。也就是说,刘伯钦对两界山在大唐境内的这部分毒虫猛兽十分了解,也有充分的把握降伏,可过了边界后,地形、生物情况是怎样的,他一无所知,担心保护不了唐僧,所以不肯轻易过界。

13. 五行山收孙悟空

生字闯关

tái xiǎn　　hāo cǎo　　hú lún　　zhēn jiǔ
苔 藓　　　薅 草　　　囫 囵　　　针 灸

lóu yǐ　　chuān dài　　jù ào　　wéi wò
蝼 蚁　　　穿 戴　　　倨 傲　　　帷 幄

多音字大挑战

恶		
è	wù	ě
善恶	厌恶	恶心

监	
jiān	jiàn
监管	御马监

剥	
bō	bāo
剥下	剥皮

词语充电

降龙伏虎

释义：原意指法力高强，能够制伏龙虎。后比喻有极大的能力，能够战胜很强的对手或克服很大的困难。

出处：我老孙颇有降龙伏虎的手段，翻江搅海的神通。

例句：他自信地说：“我虽然没有降龙伏虎的本事，却也有把握把这件事做好！”

近义词：战无不胜、所向无敌

改邪归正

释义：意思是指从邪路上回到正路上来，不再做坏事。

出处：这才叫做改邪归正，惩创善心。

例句：在狱警的耐心教育下，这些犯人逐渐认识到自己的错误，愿意改邪归正。

近义词：改过自新、弃暗投明

死心塌地

释义：原指彻底死心，不再做别的打算。后常形容人打定了主意，决不改变。

出处：那行者才死心塌地，抖擞精神，束一束绵布直裰，叩背马匹，收拾行李，奔西而进。

例句：不论别人如何劝说，老人都死心塌地守着残破的家园，不肯离开。

近义词：执迷不悟、至死不渝

名言积累

强中更有强中手

原文："今日孙悟空不用争持，把这虎一棒打得稀烂，正是'强中更有强中手'！"

释义：这句俗语的意思是强者中还有更强的，比喻技艺或谋略永无止境。

运筹帷幄之中，决胜千里之外

原文：后果然运筹帷幄之中，决胜千里之外。

释义：在小小的军帐之内做出正确的部署，就能决定千里之外的战场上的胜负。形容雄才大略，指挥若定的样子。

仿写闯关

● 下面这个片段描写了唐僧眼中孙悟空的形象。请你仿照作者的观察顺序，写一段描写人物的小练笔。

尖嘴朔腮，金睛火眼。头上堆苔藓，耳中生薜（bì）萝。鬓边少发多青草，颔下无须有绿莎。眉间土，鼻凹泥，十分狼狈；指头粗，手掌厚，尘垢馀多。还喜得眼睛转动，喉舌声和。语言虽利便，身体莫能那（这里是挪、移动的意思）。

大胆表达

● 请认真阅读下面几个问题，谈一谈自己的感想，也可以和同学一起讨论，看看能不能说服对方。

1. 唐僧和孙悟空最初的师徒关系是怎样的？
2. 想象一下孙悟空戴上紧箍儿后的心情，再用自己的话说一说。

趣味答疑

● 《西游记》中为什么有三个箍儿？

在《西游记》第十四回中，唐僧听从观音菩萨的吩咐，半哄半骗让孙悟空戴上了紧箍儿，从此受到紧箍咒的束缚，再也不能任性妄为。不过，这种箍儿并非只有一个，前文提到这件法宝是"一样三个"，只是所用的咒语不同，因而有了紧箍儿、禁箍儿、金箍儿的区别，使用时要念各自对应的"紧、禁、金"咒语，戴上箍儿的对象就会感觉头疼欲裂，十分痛苦。

在唐僧师徒取经之路上，紧箍儿用来管制孙悟空；禁箍儿则戴在了偷盗锦襕袈裟的黑熊精头上，他只能乖乖听从观音调遣，去做了守山大神；而金箍儿分成了五个，分别套在红孩儿的脖颈和四肢上，使他无法作恶，成为观音座下的善财童子。

生字闯关

qí qū	chēn nù	ní qiū	pán xuán
崎岖	嗔怒	泥鳅	盘旋

bō lán	wǔ nì	lǎn duò	shěn xiào
波澜	忤逆	懒惰	哂笑

多音字大挑战

词语充电

坐卧不宁 ▲

释义：坐着躺着都不安宁，形容心情焦急、烦躁，心神不定的样子。

出处：那孽龙在于深涧中，坐卧不宁。

例句：在外地工作的小李得知了母亲病重的消息，整晚坐卧不宁、心急如焚。

近义词：坐立不安、如坐针毡

14. 收服白龙马

进退两难

释义：前进和后退都很难。比喻处境相当困难。

出处：唐僧在蛇盘山鹰愁陡涧失了马，急得孙大圣进退两难。

例句：这边不满意，那边也有意见，弄得小沈进退两难，不知道该怎么办才好。

近义词：进退维谷、左右为难

随机应变

释义：随着情况的变化灵活机动地应对，形容遇事能够妥善变通处置。

出处：若到那无济无生的时节，可以随机应变，救得你急苦之灾。

例句：思考问题不要过于死板，要学会随机应变，才能找到好办法。

近义词：见机行事、见机而作

名言积累

福无双降，祸不单行

原文：这才是福无双降，祸不单行。我才脱了天条死难不上一年，在此随缘度日。

释义：幸运的事不会连续到来，不好的事情却会接踵而至。也可以写成"福无双至，祸不单行"。

离家三里远，别是一乡风

原文：三藏闻言，点头夸赞："正是'离家三里远，别是一乡风。'我那里人家，更无此善。"

释义：离开家门哪怕只有三里远的地方，也会是另一种风俗习惯。指各地风俗习惯不同。

仿写闯关

● 下面这段对话充分体现了唐僧、孙悟空的性格特点。请你体会一下作者是如何进行生动的语言描写的，再仿写一个日常对话小片段。

三藏道："既是他吃了，我如何前进！可怜呵！这万水千山，怎生走得！"说着话，泪如雨落。行者见他哭将起来，他那里忍得住暴燥，发声喊道："师父莫要这等脓包形么！你坐着！坐着！等老孙去寻着那厮，教他还我马匹便了！"三藏却才扯住道："徒弟呀，你那里去寻他？只怕他暗地里撺将出来，却不又连我都害了？那时节人马两亡，怎生是好！"行者闻得这话，越加嗔怒，就叫喊如雷道："你忒（tuī）不济！不济！又要马骑，又不放我去，似这般看着行李，坐到老罢！"

大胆表达

● 请认真阅读下面几个问题，谈一谈自己的感想，也可以和同学一起讨论，看看能不能说服对方。

1. 请用自己的话简单描述一下孙悟空与白龙交战的过程。
2. 孙悟空见到观音菩萨后，为什么满腹怨气，还嚷着"不去了"？

趣味答疑

● 唐僧师徒身边为什么会有这么多神仙？

《西游记》第十五回中说到有"六丁六甲、五方揭谛、四值功曹、一十八位护教伽蓝"每天轮流听候唐僧师徒的差遣。其中"六丁六甲"是司掌天干、地支的神仙，共有12位；"五方揭谛"指的是守护东西南北中的5个大力神，像金头揭谛就是其中之一；"四值功曹"包括值年神、值月神、值日神、值时神这4位神仙；护教伽蓝则是寺庙的保护神，共18位。

也就是说，守护神仙的总数达到了39位，可即便如此，唐僧还是经常被妖怪捉走，这说明这些神仙法力低微，只能执行一些比较简单的任务，比如，帮忙看护唐僧、去观音菩萨处传话等，到了要与妖魔战斗的关键时刻，还得孙悟空亲自出马解决问题。

生字闯关

qīn chāi	hán jìn	chán yuàn	tān lán
钦差	寒噤	禅院	贪婪

mán yuàn	huī huáng	lǔ lüè	jī fěn
埋怨	辉煌	掳掠	齑粉

多音字大挑战

落
- luò 下落
- lào 落枕
- là 丢三落四

禁
- jìn 禁止
- jīn 禁不住

省
- shěng 省力
- xǐng 反省

词语充电

坐井观天 ▲

释义：坐在井底看天。比喻眼界狭小，见识有限。

出处：我弟子虚度一生，山门也不曾出去，诚所谓"坐井观天"，樗（chū）朽之辈。

例句：我们要积极地接触新鲜事物，不断增长见识，避免坐井观天。

近义词：井底之蛙、鼠目寸光

提心吊胆 ▲

释义：形容十分担心害怕的样子。

出处：众僧闻得此言，一个个提心吊胆，告天许愿，只要寻得袈裟，各全性命不题。

例句：考试成绩就要公布了，小敏担心自己的分数，一直提心吊胆、坐立不安。

近义词：惶惶不安、心乱如麻

高谈阔论 ▲

释义：指见地高超、范围广泛的谈论，或畅快、无拘无束地谈论，多含褒义。但也可以用来形容没有实质内容、不着边际的谈论，此时含贬义。

出处：上首的是一条黑汉，左首下是一个道人，右首下是一个白衣秀士。都在那里高谈阔论。

例句：饭馆里有个客人一边喝酒，一边高谈阔论，似乎忘记了他人的存在。

近义词：阔步高谈、侃侃而谈

名言积累

顺手牵羊，将计就计

原文：罢，罢，罢！与他个顺手牵羊，将计就计，教他住不成罢！

释义：这句谚语的意思是顺势或乘便行事。

人没伤虎心，虎没伤人意

原文：行者道："你可知古人云：'人没伤虎心，虎没伤人意。'他不弄火，我怎肯弄风？"

释义：指人如果不存心伤害老虎，老虎也就不会无端伤害人命。借指存心害人的人，往往会招来别人对自己报复性的伤害。

仿写闯关

● 下面几句话生动地描绘了金池长老的动作、表情、语言，让老僧贪婪、狠毒的形象跃然纸上。请你体会一下这样写的好处，再仿写一个人物小片段。

那老和尚见了这般宝贝，果然动了奸心，走上前对三藏跪下，眼中垂泪……

那和尚把袈裟骗到手，拿在后房灯下，对袈裟号跳痛哭……

老和尚见说，满心欢喜，却才揩了眼泪道："好！好！好！此计绝妙！"

大胆表达

● 请认真阅读下面几个问题，谈一谈自己的感想，也可以和同学一起讨论，看看能不能说服对方。

1. 你怎么评价孙悟空对观音院众僧"显摆"袈裟的行为？
2. 孙悟空是如何与黑熊精斗智斗勇夺回袈裟的？

趣味答疑

● 黑熊精为什么会被观音菩萨收在门下？

黑熊精本是黑风山上的妖怪，虽然犯下了偷窃锦襕袈裟的罪行，却被观音饶了性命，而且还被带回了落伽山，成了守山大神。与取经路上的很多妖怪相比，黑熊精可以说是非常"幸运"的了。那么，观音为什么格外看重他呢？

首先，黑熊精本领高强，观音都评价说"那怪物有许多神通"，并不亚于孙悟空；其次，黑熊精热爱修行，有一颗向佛之心，平时和朋友高谈阔论，讲的都是与修行有关的问题，得到袈裟后还想开个"佛衣会"；当然更重要的是，黑熊精没有像其他妖怪那样粗野无知、滥杀无辜，相反他的言谈举止颇为文雅，孙悟空都夸他"是个脱垢离尘，知命的怪物"，难怪他会得到观音菩萨的青睐。

跟四大名著
学语文

墨墨◎编著 杨长飞◎绘

《西游记》②

（全4册）

北京理工大学出版社
BEIJING INSTITUTE OF TECHNOLOGY PRESS

目 录

- 16 猪八戒拜师 …………………… 1
- 17 迎战黄风怪 …………………… 8
- 18 流沙河收沙悟净 ……………… 15
- 19 唐僧师徒遇考验 ……………… 22
- 20 大闹五庄观 …………………… 29
- 21 三打白骨精 …………………… 39
- 22 狡猾的黄袍怪 ………………… 46
- 23 降服金银魔 …………………… 56

24 乌鸡国里斗狮精 …………… 68

25 大战红孩儿 …………………… 75

26 黑水河遇险 …………………… 87

27 车迟国斗法 …………………… 94

生字闯关

bāo guǒ	xíng náng	zuò yī	nǚ xu
包裹	行囊	作揖	女婿

guǐ suì	wǎng liǎng	wēi yí	duàn liàn
鬼祟	魍魉	威仪	锻炼

多音字大挑战

参
cān	shēn	cēn
参加	人参	参差不齐

背
bèi	bēi
脊背	背包

挣
zhèng	zhēng
挣钱	挣扎

词语充电

左邻右舍 ▲

释义：左右的邻居，泛指周围的邻居，也比喻关系比较接近的单位。

出处：吃还是件小事，他如今又会弄风，云来雾去，走石飞砂，唬得我一家并左邻右舍，俱不得安生。

例句：左邻右舍都夸奖他孝顺、懂事，他听了心里美滋滋的。

近义词：街坊邻里、左邻右里

剪草除根（斩草除根） ▲

释义：除草时要连根除掉。比喻要彻底除去祸根，以消除后患。现常用作"斩草除根"。

出处：他若不来，你却莫怪；他若来了，定与你剪草除根。

例句：这帮歹徒肆意妄为，严重破坏社会秩序，警方决定展开全面扫荡行动，争取斩草除根。

近义词：斩尽杀绝、赶尽杀绝

短叹长呼（长吁短叹） ▲

释义：长一声、短一声地不住叹息。形容发愁为难的样子。吁，叹气。现常用作"长吁短叹"。

出处：你还有那些儿不趁心处，这般短叹长呼，说甚么造化低了！

例句：奶奶成天长吁短叹的，好像心中有说不尽的烦恼。

近义词：唉声叹气、仰屋兴嗟

名言积累

与人方便，自己方便

原文：行者陪着笑道："施主莫恼。'与人方便，自己方便'。你就与我说说地名何害？我也可解得你的烦恼。"

释义：指给他人提供便利，他人也会给自己便利。

一来照顾郎中，二来又医得眼好

原文：这正是"一来照顾郎中，二来又医得眼好"。

释义：这句谚语比喻一举两得。郎中，中医医生。

仿写闯关

● 下面这个片段描写了暮色下高老庄的景色，其中动态和静态描写相结合，好似在我们眼前展现了一幅栩栩如生的乡村风情画卷。请你仿写一个景色片段，注意做到"动静结合"。

竹篱密密，茅屋重重。参天野树迎门，曲水溪桥映户。道旁杨柳绿依依，园内花开香馥馥。此时那夕照沉西，处处山林喧鸟雀；晚烟出爨（cuàn），条条道径转牛羊。又见那食饱鸡豚（tún）眠屋角，醉酣邻叟（sǒu）唱歌来。

大胆表达

●请认真阅读下面几个问题,谈一谈自己的感想,也可以和同学一起讨论。

1. 想象一下猪八戒的样貌变化,用自己的话说一说。
2. 从猪八戒的语言、行为中,你看出他有怎样的性格特点?

趣味答疑

●猪八戒的九齿钉耙有多强大?

《西游记》中的重要人物往往都有自己的专属兵器,像孙悟空的金箍棒、二郎神的三尖两刃刀等,而猪八戒的专属兵器是九齿钉耙,只听名字会觉得它很平常,可实际上威力却并不小。

在《西游记》第十九回中,作者用了一段很长的文字介绍九齿钉耙,说它的原材料是神冰铁,还是太上老君亲自动手精心打造而成的,再由玉皇大帝赏赐给了当时还是天蓬元帅的猪八戒,可见这件兵器来历不凡。不仅如此,它还有很多强大的战斗功能,比如"举起烈焰并毫光,落下猛风飘瑞雪"等,只可惜猪八戒生性懒惰,遇到危险又总是急着逃跑,没能充分发挥九齿钉耙的威力,我们也就见识不到它真正的实力了。

17. 迎战黄风怪

生字闯关

怜悯(lián mǐn)　衣襟(yī jīn)　窟窿(kū long)　蹊跷(qī qiao)

斑斓(bān lán)　胸膛(xiōng táng)　骁勇(xiāo yǒng)　鼾睡(hān shuì)

多音字大挑战

绰	旋	壳
绰起(chāo) ｜ 绰约(chuò)	旋转(xuán) ｜ 旋风(xuàn)	金蝉脱壳(qiào) ｜ 蛋壳(ké)

词语充电

絮絮叨叨 ▲
- **释义**：形容说话啰嗦唠叨。絮絮，话多不断，连绵不绝的样子。
- **出处**：那呆子纵身跳起，口里絮絮叨叨的，挑着担子，只得死心塌地，跟着前来。
- **例句**：长大了他才渐渐明白，母亲的絮絮叨叨里藏着对他最深沉的爱。
- **近义词**：唠唠叨叨、啰啰唆唆

深谋远虑 ▲
- **释义**：指计划得很深入、周密，考虑得很长远。
- **出处**：先锋大喜道："大王深谋远虑，说得有理。"
- **例句**：没有诸葛亮的深谋远虑，"空城计"就不可能取得成功。
- **近义词**：老谋深算、深思熟虑

金蝉脱壳

释义：本意是蝉变为成虫时要脱去外面的一层壳。比喻用计脱逃，使别人不能及时发觉。

出处：那怪慌了手脚，使个"金蝉脱壳计"，打个滚，现了原身，依然是一只猛虎。

例句：箱子打开后，人们才发现原本被锁在里面的魔术师早已"金蝉脱壳"了。

近义词：瞒天过海、远走高飞

名言积累

日落西山藏火镜，月升东海现冰轮

原文：三藏道："悟空，你看那日落西山藏火镜，月升东海现冰轮。"

释义：太阳西沉，那火镜般的日头好像藏在山背后了；冰轮似的月亮慢慢地从东海上升起。这句诗描写了日落月升时宁静、美好的画面。

留情不举手，举手不留情

原文：行者笑道："儿子呵！常言道：'留情不举手，举手不留情。'你外公手儿重重的，只怕你捱不起这一棒！"

释义：留情面就不举手打，举手打就不会留情面。指一旦动手打起来，就不会再顾及情面。

仿写闯关

● 下面这个片段通过描写动作细节，让猪八戒显得憨态可掬、非常可爱，请你体会一下作者用词的精到之处，再以身边的同学、家人为模板，写一个小片段。

行者道："把那个耙子嘴，揣在怀里，莫拿出来；

把那蒲扇耳,贴在后面,不要摇动,这就是收拾了。"那八戒真个把嘴揣了,把耳贴了,拱着头,立于左右。

大胆表达

● 请认真阅读下面几个问题,谈一谈自己的感想,也可以和同学一起讨论。

1. 看到手下先锋捉来了唐僧,黄风怪当时是怎样的心理活动?
2. 孙悟空请来灵吉菩萨降服黄风怪,这件事说明了什么样的道理?

趣味答疑

● 孙悟空为什么会怕黄风怪吹风?

孙悟空虽然法力高强,却也有一些弱点。比如,他不善于水战,如果要入水,就要先变化成水族,或是念避水咒,但这样就不能自如地施展法术了;还有他的眼睛特别害怕风、烟、沙之类的东西,这是因为当年在八卦炉中,他为了保命一直躲在风位,一双眼睛被熏成了"老害病眼",虽然他额外获得了"火眼金睛"的功能,但眼睛却比原来脆弱得多。

黄风怪本是灵山脚下得道的黄毛貂鼠,他有一样擅长的本领就是吹黄风。《西游记》第二十一回说这黄风"真个利害",甚至能吹得二郎神迷失在灌州城,李天王不见了手心塔,孙悟空自然难以抵挡。后来不得不请灵吉菩萨帮忙,才算是渡过了这个难关。

生字闯关

bēi wén	cū cāo	hún pò	gāo yao
碑文	粗糙	魂魄	膏药

zhù lì	yè jiàn	duò luò	xiē xi
伫立	谒见	堕落	歇息

多音字大挑战

曾
- céng 曾经
- zēng 曾孙

为
- wéi 为师
- wèi 为了

撇
- piě 撇嘴
- piē 撇油

词语充电

咬牙切齿 ▲

释义：形容痛恨到极点的样子，也形容竭力抑制住某种情绪的样子。

出处：见八戒与那怪交战，就恨得咬牙切齿，擦掌磨拳，忍不住要去打他……

例句：得知那个让人气愤的真相后，他不禁咬牙切齿，握紧了拳头。

近义词：恨之入骨、切齿痛恨

有眼无珠 ▲

释义：比喻没有识别人、事物或辨别是非的能力。

出处：师父，弟子有眼无珠，不认得师父的尊容，多有冲撞，万望恕罪。

例句：事实已经非常明显了，可有眼无珠的人却看不明白。

近义词：目大不睹、视而不见

18. 流沙河收沙悟净

拖泥带水

释义：比喻做事不够干脆利落，也比喻说话、写文章不够简洁。

出处：真个也如飞似箭，不多时，身登彼岸，得脱洪波；又不拖泥带水，幸喜脚干手燥，清净无为。

例句：我们在发言前一定要有清晰的思路，才不会把话说得拖泥带水。

近义词：拖拖拉拉、牵丝攀藤

名言积累

近朱者赤，近墨者黑

原文：常言道："近朱者赤，近墨者黑。"那怪在此，断知水性。

释义：挨近朱砂的东西会慢慢变红，挨近墨的东西会逐渐变黑。比喻接近好人可以让人变好，接近坏人可以让人变坏，说明客观环境对人有很大的影响。

遣泰山轻如芥子，携凡夫难脱红尘

原文："自古道：'遣泰山轻如芥子，携凡夫难脱红尘。'……但只是师父要穷历异邦，不能够超脱苦海，所以寸步难行也。"

释义：搬动泰山像拿起草芥一样轻松，却难以带凡夫俗子脱离世事的困扰。比喻即使是有极强能力的人，也无法帮助实力太差的或不争气的人。

仿写闯关

● 下面这个片段描绘了唐僧师徒渡过流沙河的场景。请你根据文字画一幅简笔画，注意准确表现人物所处的位置，再试着仿写一个多人物场景。

　　那长老遂登法船，坐于上面，果然稳似轻舟。左有八戒扶持，右有悟净捧托；孙行者在后面牵了龙马，半云半雾相跟；头直上又有木叉拥护；那师父才飘然稳渡流沙河界，浪静风平过弱河。

大胆表达

● 请你认真阅读下面几个问题，谈一谈自己的感想，也可以和同学一起讨论。

1. 根据本节内容，请你谈一谈沙僧的性格特点。
2. 唐僧的三个徒弟中你最喜欢哪一个？为什么？

趣味答疑

● 沙和尚打碎了"玻璃盏"，为什么会遭到严惩？

很多《西游记》影视作品都说沙和尚是因为打碎了"琉璃盏"才被贬下凡间，其实，在原著中，沙和尚打破的是"玻璃盏"。

在古代，由于生产工艺落后，产量有限，所以玻璃的价格非常昂贵。在战国时，工匠们能够生产半透明玻璃；到了两汉时，出现了比较大的玻璃璧；魏晋南北朝时，工匠们能够吹制薄壁玻璃容器，但多是玻璃杯、环之类的小物件……到了明清时代，虽然已经开设了一些官办玻璃作坊，但质地上乘、工艺精湛的玻璃器皿价格仍然居高不下。《红楼梦》中就出现过大富之家也要用玻璃炕屏来"充门面"的情节，可见玻璃器皿身价不菲。因此，沙和尚打破"玻璃盏"被严惩也就不难理解了。

18. 流沙河收沙悟净

19. 唐僧师徒遇考验

生字闯关

dǒu peng	gāo ào	líng luó	pí náng
斗 篷	高 傲	绫 罗	皮 囊

yán xí	gān gà	yǎo tiǎo	mén kǎn
筵 席	尴 尬	窈 窕	门 槛

多音字大挑战

系
xì	jì
联系	系鞋带

卷
juàn	juǎn
卷轴	席卷

担
dān	dàn
担水	重担

词语充电

真心实意 ▲
- **释义**：心意真实诚恳，没有虚假。
- **出处**：我倒是个真心实意，要把家缘招赘汝等，你倒反将言语伤我。
- **例句**：她对待同学真心实意，赢得了大家的喜爱和支持。
- **近义词**：诚心诚意、实心实意

扭扭捏捏 ▲
- **释义**：身体故意左右扭动摇摆。形容举止言谈不自然、不大方或故作姿态。
- **出处**：那个不要如此？都这们扭扭捏捏的拿班儿，把好事都弄得裂了，致如今茶水不得见面，灯火也无人管。
- **例句**：在客人面前不要表现得扭扭捏捏，举止不妨自然、大方一些。
- **近义词**：忸怩不安、羞羞答答

释义：原指在屋顶的横木、大梁上雕刻花纹、加上彩绘，后指富丽堂皇的建筑物。

雕梁画栋 ▲

出处：那里得那大厦高堂，也不是雕梁画栋，一个个都睡在松柏林中。

例句：这座建筑物高高地伫立在半山坡上，气势恢宏、雕梁画栋，引得人人惊叹。

近义词：雕梁绣柱、飞阁流丹

名言积累

历遍了青山绿水，看不尽野草闲花

原文：历遍了青山绿水，看不尽野草闲花。真个也光阴迅速，又值九秋，但见了些：枫叶满山红，黄花耐晚风。

释义：走遍了青山、绿水，看不完路上的野草、野花。闲花：野花，也指幽雅的花。

餐风宿水，卧月眠霜

原文：师父说话差了。出家人餐风宿水，卧月眠霜，随处是家。又问那里安歇，何也？

释义：风里吃饭，水边睡觉，卧在月下，睡在霜雪之上。形容野外生活极为艰苦的样子。

仿写闯关

● 下面是一段环境描写，请分析其写作顺序，特别注意其中的方位词，再按照这样的顺序描写自己家或教室的环境。

原来有向南的三间大厅，帘栊（lóng）高控。屏门上，挂一轴寿山福海的横披画；两边金漆柱上，贴着一幅大红纸的春联，上写着：丝飘弱柳平桥晚，雪点香梅小院春。正中间，设一张退光黑漆的香几，几上放一个古铜兽炉。上有六张交椅，两山头挂着四季吊屏。

大胆表达

● 请认真阅读下面几个问题，谈一谈自己的感想，也可以和同学一起讨论。

1. 黎山老母、观音菩萨等"四圣"给唐僧师徒四人设下了什么样的考验？结果如何？
2. 面对考验，猪八戒的表现是怎样的？你怎么评价他的所作所为？

趣味答疑

● "四圣试禅心"中的"四圣"到底是谁？

在《西游记》第二十三回中，唐僧师徒最后看到了菩萨留下的帖子，上面写着"黎山老母不思凡，南海菩萨请下山。普贤文殊皆是客，化成美女在林间"。可见，前来给师徒设下考验的菩萨共有四人，分别是黎山老母、观音菩萨、普贤菩萨和文殊菩萨。

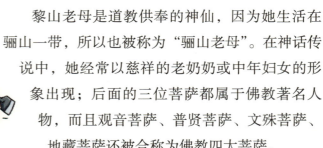

黎山老母是道教供奉的神仙，因为她生活在骊山一带，所以也被称为"骊山老母"。在神话传说中，她经常以慈祥的老奶奶或中年妇女的形象出现；后面的三位菩萨都属于佛教著名人物，而且观音菩萨、普贤菩萨、文殊菩萨、地藏菩萨还被合称为佛教四大菩萨。

20. 大闹五庄观

生字闯关

kuáng yǔ	mèi xīn	kuǐ lěi	sā pō
诳语	昧心	傀儡	撒泼

jiǎo huá	dīng pá	chá chí	wēi é
狡猾	钉钯	茶匙	巍峨

多音字大挑战

晕
- yūn 晕倒
- yùn 晕车

角
- jiǎo 鹿角
- jué 角色

嚼
- jiáo 嚼碎
- jué 咀嚼
- jiào 倒嚼

词语充电

手到擒来 ▲
- 释义：手一伸就能把敌人捉拿过来。比喻做事有充分把握，毫不费力。
- 出处：行者道："这个容易。老孙去，手到擒来。"
- 例句：对小涛来说，英语考满分是手到擒来的事情。
- 近义词：轻而易举、易如反掌

起死回生 ▲
- 释义：形容医术高明，也比喻能够把已经没有希望的事物挽救回来。
- 出处：（行者）心中暗想道："是谎！是谎！果子已了了帐，怎的说这般话？……想必有起死回生之法？……"
- 例句：她使出了浑身解数，成功地让濒临倒闭的公司起死回生。
- 近义词：死而复生、转危为安

海角天涯

释义：海的角落、天的边际。形容非常偏僻遥远的地方。

出处：无方别访，果然容易。就是游遍海角天涯，转透三十六天，亦是小可。

例句：即使朋友们远在海角天涯，彼此的心也始终连在一起。

近义词：海角天隅、天涯海角

名言积累

道不同，不相为谋

原文：二童笑道："孔子云：'道不同，不相为谋。'我等是太乙玄门，怎么与那和尚做甚相识！"

释义：比喻意见或志趣不同的人无法共事。

鹭鸶不吃鹭鸶肉

原文："常言道：'鹭鸶不吃鹭鸶肉。'他师父既是不在，搅扰他做甚？"

释义：比喻同类之间不会互相伤害。鹭鸶，一种水鸟。

仿写闯关

● 下面这个片段通过描写不同的色彩，展现出了一幅迷人的花园画卷。请你数一数作者描绘了多少种色彩，再试着用同样的方法描写一处场景。

朱栏宝槛，曲砌峰山。奇花与丽日争妍，翠竹共青天斗碧。流杯亭外，一弯绿柳似拖烟；赏月台前，数簇乔松如泼靛。红拂拂，锦巢榴；绿依依，绣墩草。青茸茸，碧砂兰；攸荡荡，临溪水。丹桂映金井梧桐，锦槐傍朱栏玉砌。有或红或白千叶桃，有或香或黄九秋菊……朔风触绽梅花白，春来点破海棠红。——诚所谓人间第一仙景，西方魁首花丛。

20.大闹五庄观

大胆表达

●请认真阅读下面几个问题,谈一谈自己的感想,也可以和同学一起讨论。

  1.孙悟空为什么要推倒人参果树?请想象一下他当时的心情是怎样的?

  2.在"大闹五庄观"的故事中,你发现孙悟空身上有哪些优缺点?

趣味答疑

●现实生活中有"人参果"吗?

  《西游记》中的人参果有延年益寿的功效,而且数量极其稀少,所以十分珍贵。我们的现实生活中也有人参果,不过它只是一种普通的水果,没有这么神奇的作用,价格也比较便宜。

  真实的人参果原产于南美洲,现在我国大部分地区都有种植。它的外形并不像小孩,而是一个个椭圆形或心脏形的小瓜,成熟时表皮是淡黄色的,上面还带有一些紫色的条纹,闻上去有清香的味道。因为它是茄科植物,所以也被称为"香瓜茄"。这种人参果的口感香甜清爽、富含水分,也有较高的营养价值,适合老人和孩子食用。

生字闯关

lǎn duò	kuàng yě	jùn qiào	líng dīng
懒惰	旷野	俊俏	伶仃

quán gǔ	niè pán	hái gǔ	jǐ liáng
颧骨	涅槃	骸骨	脊梁

多音字大挑战

结
- jiē 结实
- jié 结拜

待
- dài 对待
- dāi 待着

倒
- dǎo 摔倒
- dào 倒立

词语充电

情投意合 ▲

释义：双方的感情、心意都很投合。形容思想感情融洽，合得来。

出处：那镇元子与行者结为兄弟，两人情投意合，决不肯放，又安排管待，一连住了五六日。

例句：他俩虽然是初次见面，却一见如故、情投意合。

近义词：气味相投、同心合意

21. 三打白骨精

眉清目秀 ▲

释义：形容人长得清雅、俊秀。

出处：在那山凹里摇身一变，变做个月貌花容的女儿，说不尽那眉清目秀，齿白唇红……

例句：她虽然不是特别美貌，却眉清目秀，让人一见就会产生喜爱之情。

近义词：眉目如画、眉清目朗

半途而废 ▲

释义：在半路上就停了下来，比喻做事不能坚持到底、有始无终。

出处：今日半途而废，不曾成得功果。你请坐，受我一拜，我也去得放心。

例句：在学习知识的过程中，我们一定要坚持到底，切勿半途而废。

近义词：半途而返、有始无终

名言积累

前不巴村，后不着店

原文：这等半山之中，前不巴村，后不着店，有钱也没买处，教往那里寻斋？

释义：前面没有村子，后面也没有旅店。形容所到之处非常荒凉，连个可以歇脚的地方都没有。也比喻处境尴尬或是生活没有依靠。巴，靠近。

鸟尽弓藏，狗烹兔死

原文：今日昧着惺惺使糊涂，只教我回去，这才是"鸟尽弓藏，狗烹兔死"！

释义：飞鸟被打尽了，弓就被搁置不用；兔子被捕杀后，狗也被烹食了。比喻事情成功后，功臣被主事者抛弃的情形。现常用作"鸟尽弓藏，兔死狗烹"。

仿写闯关

● 下面这个片段描写了孙悟空被唐僧赶走后的表现，作者通过写大海、潮声，表达了孙悟空悲伤、难过、孤独的感受。请你仿写一个小片段，注意在场景、细节中体现人物的思想感情。

　　你看他忍气别了师父，纵筋斗云，径回花果山水帘洞去了。独自个凄凄惨惨，忽闻得水声聒耳，大圣在那半空里看时，原来是东洋大海潮发的声响。一见了，又想起唐僧，止不住腮边泪坠，停云住步，良久方去。

大胆表达

● 请认真阅读下面几个问题，谈一谈自己的感想，也可以和同学一起讨论。

　　1. 你如何评价唐僧、孙悟空、猪八戒在"三打白骨精"事件中的表现？
　　2. 如果你也在现场，你会怎么说服唐僧，让他认识到自己的错误，并向孙悟空道歉？

趣味答疑

● 唐僧写给孙悟空的"贬书"是什么？

　　所谓"贬书"，指的是辞退或驱逐某个对象的文书。在《西游记》第二十七回中，唐僧被白骨精欺骗，又被猪八戒挑拨，误解了孙悟空的行为，决定将他赶走。在写完贬书后，唐僧郑重其事地说："执此为照！再不要你做徒弟了！"而孙悟空对待"贬书"的态度也很认真——"将书折了，留在袖中"，可见"贬书"是一种正式的证明文件。

　　那么，孙悟空当年被菩提祖师赶走时，为什么没有"贬书"呢？这是因为菩提祖师并未承认两人之间的师徒关系，还不准孙悟空向别人说半个字，所以就不需要什么文书了。而唐僧与孙悟空的关系早已被昭告天下，就连取经途中的各种妖怪都一清二楚，所以要结束师徒关系，就得签下"贬书"。

22 狡猾的黄袍怪

22. 狡猾的黄袍怪

生字闯关

xiōng yǒng	qī cǎn	kē shuì	wěn luàn
汹涌	凄惨	瞌睡	紊乱

jīng jí	shè jì	zhēn jiǔ	xiāo yáo
荆棘	社稷	斟酒	逍遥

多音字大挑战

教
- jiào 教育
- jiāo 教书

颤
- chàn 颤抖
- zhàn 打颤

斗
- dǒu 漏斗
- dòu 格斗

词语充电

逍遥自在
- 释义：形容无拘无束、安闲自得的样子。
- 出处：前栽榆柳，后种松楠，桃李枣梅，无所不备，逍遥自在，乐业安居不题。
- 例句：同学们都忙得焦头烂额，他却逍遥自在地出去玩耍了。
- 近义词：逍遥自得、自由自在

杳无音信
- 释义：一点儿消息也没有，形容失去联系，无法得知对方的情况。
- 出处：在此生儿育女，杳无音信回朝。思量我那父母，不能相见。
- 例句：五年前，刘强因家庭琐事离家出走，之后一直杳无音信。
- 近义词：杳如黄鹤、音讯全无

狐假虎威 	**释义**：狐狸借着老虎的威势吓跑了百兽，比喻倚仗他人的势力作威作福。 **出处**：陡然间，就狐假虎威，红须倒竖，血发朝天，眼睛迸裂…… **例句**：他没有什么真本事，总是仗着父亲的关系狐假虎威、欺负别人。 **近义词**：仗势欺人、狗仗人势

名言积累

当家才知柴米价，养子方晓父娘恩

原文：今日轮到我的身上，诚所谓"当家才知柴米价，养子方晓父娘恩"。公道没去化处。

释义：当了家才知道柴和米的价格，养育了子女才体会到父母的恩惠。比喻只有亲身经历了某件事后，才会知道它有多么艰难。

来说是非者，就是是非人

原文：自古道："来说是非者，就是是非人。"

释义：这句谚语的意思是在你面前说他人坏话的人，也会在他人面前说你的坏话，所以要注意提防这类人，不要与他进行推心置腹的交谈。

仿写闯关

● 请仔细阅读下面这段描写老虎的文字，把你认为写得精彩的地方画上波浪线，再仿写一个描写动物的小片段。

那只虎生得：白额圆头，花身电目。四只蹄，挺直峥嵘；二十爪，钩弯锋利。锯牙包口，尖耳连眉。狞狰壮若大猫形，猛烈雄如黄犊（dú）样。刚须直直插银条，刺舌骍（xīng）骍（形容舌头的吞吐，翻转很灵活）喷恶气。果然是只猛斑斓，阵阵威风吹宝殿。

大胆表达

● 请认真阅读下面几个问题，谈一谈自己的感想，也可以和同学一起讨论。

1. 孙悟空离开花果山前曾说"功成之后"就回来，可他为什么没有真的回去？
2. 唐僧被变成老虎后，是如何脱险的？这体现出了孙悟空的什么品质？

趣味答疑

● "二十八宿"是怎么回事？

《西游记》第三十一回揭开了黄袍怪的真实身份，原来他是天上二十八宿中的奎宿，也叫"奎木狼"。

那么，"二十八宿"到底是什么呢？由于地球不停地绕太阳公转，在地球上观测，会看见太阳在星空背景中缓慢移动，我国古代的天文学家便把太阳经过的这条路径称为"黄道"。黄道被分为十二段，即"黄道十二宫"，而黄道附近的星空被划分为二十八个区域，即"二十八宿"，其中东、西、南、北四个方向上各有七宿，即东方青龙七宿，北方玄武七宿，西方白虎七宿，南方朱雀七宿，而奎宿就是西方白虎七宿中的第一宿。

23 降服金银魔

23. 降服金银魔

生字闯关

jiāo xìng	jué qiào	shāng yì	yí huò
侥幸	诀窍	商议	疑惑

guǐ jué	jiāo zào	fèi fǔ	gōng jìng
诡谲	焦躁	肺腑	恭敬

多音字大挑战

腌
- yān 腌肉
- ā za 腌臜

答
- dā 答理
- dá 答谢

钉
- dīng 钉子
- dìng 钉扣子

词语充电

心无挂碍

释义：指内心没有任何牵挂。挂碍，牵挂。

出处：你记得那乌巢和尚的《心经》云"心无挂碍；无挂碍，方无恐怖，远离颠倒梦想"之言？

例句：每个人都有亲人、朋友，谁又能真的做到心无挂碍呢？

近义词：心无牵挂、廓然无累

胡言乱语 ▲

释义：指没有根据、不合实际地胡说。

出处：行者道："你这等长他那威风，胡言乱语的拦路报信，莫不是与他有亲？不亲必邻，不邻必友。"

例句：有的人喝醉酒后就控制不住自己，不是胡言乱语，就是又打又闹。

近义词：胡说八道、信口雌黄

虚张声势 ▲

释义：装出强大的声势，想要吓唬或迷惑对方。

出处：行者道："师父啊，此山若是有怪，他半步难行，一定虚张声势，跑将回来报我……"

例句：他说这么多狠话，不过是在虚张声势罢了，你可不要信以为真。

近义词：做张做势、装腔作势

名言积累

不受苦中苦，难为人上人

原文：但只是"扫除心上垢，洗净耳边尘。不受苦中苦，难为人上人。"

释义：意思是想要出人头地，就必须经过一番艰苦奋斗。

万夫不当之勇

原文：你们不曾见他那条铁棒，有万夫不当之勇。

释义：一万个人也抵挡不了，形容非常勇猛。出自元代戏曲作家关汉卿的《单刀会》。

仿写闯关

● 下面这段话通过描写景色，表现出了唐僧惊慌、焦虑、恐惧的心情。请你认真体会作者是如何做到这一点的，再用同样的方法仿写一个小片段。

　　师徒们上得山来，十分险峻……往上看，峦头突兀透青霄；回眼观，壑下深沉邻碧落。上高来，似梯似凳；下低行，如堑如坑。真个是古怪巅峰岭，果然是连尖削壁崖。巅峰岭上，采药人寻思怕走；削壁崖前，打柴夫寸步难行。胡羊野马乱撺梭，狡兔山牛如布阵。山高蔽日遮星斗，时逢妖兽与苍狼。草径迷漫难进马，怎得雷音见佛王？

大胆表达

● 请认真阅读下面几个问题，谈一谈自己的感想，也可以和同学一起讨论。

　　1. 孙悟空是如何战胜金角、银角二怪的？一共收缴了几件宝物？
　　2. 从唐僧师徒途经平顶山的遭遇中，你得到了哪些启示？

趣味答疑

● "平顶山"和河南平顶山市有关系吗？

　　看到"平顶山"这个地名，很多人都会马上想到河南省的平顶山市，进而会猜测本节中的故事就发生在那里。其实书中的"平顶山"与现实中的"平顶山"毫无关系。书中写道"此山径过有六百里远近，名唤平顶山，山中有一洞，名唤莲花洞"，可见指的是一座巍峨的大山，山中居住着金角、银角和其他小妖。

　　至于现实中的平顶山，它曾经是古应国的领域，这个小国以鹰为图腾，因此这里也叫"鹰城"。经过漫长的岁月变迁，直到1957年，平顶山市才被正式设立。也就是说，在吴承恩创作《西游记》的时候，这座城市还不叫这个名字，所以我们不能把两者混为一谈。

24. 乌鸡国里斗狮精

生字闯关

lán lǚ	jǐ gǔ	cái feng	xiè hòu
褴褛	脊骨	裁缝	邂逅

qí dǎo	pāng tuó	chóu móu	chán rào
祈祷	滂沱	绸缪	缠绕

多音字大挑战

哄		
hōng	hǒng	hòng
哄传	哄骗	起哄

卜	
bǔ	bo
卜卦	萝卜

笼	
lóng	lǒng
牢笼	笼罩

词语充电

胡思乱想 ▲

释义：指没有根据，不切实际地瞎想。

出处：行者道："师父休得胡思乱想，只要定性存神，自然无事。"

例句：有的人整日无所事事、胡思乱想，其实是在浪费自己的生命。

近义词：游思妄想、胡思乱量

风调雨顺 ▲

释义：指风雨适时适量，有利于农业生产，也比喻天下安宁。调，配合得均匀合适；顺，适合需要。

出处：太子道："胡说！胡说！我父自全真去后，风调雨顺，国泰民安。"

例句：风调雨顺、农业增产是农民伯伯的心愿。

近义词：五风十雨、雨顺风调

睹物思人 ▲

释义：指看见离开的人留下的东西，就开始思念这个人。

出处：我太子若看见，他睹物思人，此仇必报。

例句：看到这本相册，我不禁睹物思人，想起了儿时最好的朋友。

近义词：睹物怀人、触景生情

名言积累

人将礼乐为先

原文：常言道："人将礼乐为先。"

释义：这句谚语的意思是说话做事要把礼义放在第一位。礼乐，原指礼节和音乐，这里偏指礼义。

养军千日，用在一朝

原文：老和尚道："'养军千日，用军一朝'。你怎么不出去？"

释义：指长期供养、训练军队，以备一旦用兵打仗之用。也写成"养军千日，用在一时""养兵千日，用兵一时"等。

仿写闯关

● 下面这个片段描写了乌鸡国御花园的芭蕉树。请你分析一下作者是从哪些方面描摹植物特征的，再用心观察一种身边的植物，仿写一段话。

　　正行处，果见一株芭蕉，生得茂盛，比众花木不同，真是：一种灵苗秀，天生体性空。枝枝抽片纸，叶叶卷芳丛。翠缕千条细，丹心一点红。凄凉愁夜雨，憔悴怯秋风。长养元丁力，栽培造化工……霜天形槁（gǎo）悴，月夜色朦胧。仅可消炎暑，犹宜避日烘。愧无桃李色，冷落粉墙东。

大胆表达

● 请认真阅读下面几个问题，谈一谈自己的感想，也可以和同学一起讨论。

1. 请用自己的话简单讲述一下乌鸡国真国王的遭遇。
2. 想一想，孙悟空是如何说服乌鸡国太子的？

趣味答疑

● "八拜之交"指的是哪"八拜"？

在《西游记》第三十七回中，乌鸡国真国王这样说道："朕见他如此尚义，就与他八拜为交，以'兄弟'称之。"这里的"八拜之交"指的是异姓人结拜为兄弟姐妹，也比喻关系极为亲密。

至于"八拜"分别是俞伯牙、钟子期的"知音之交"；廉颇、蔺相如的"刎颈之交"；陈重、雷义的"胶漆之交"；元伯、巨卿的"鸡黍之交（以鸡作菜，以黍作饭。指招待宾客的家常菜肴）"；角哀、伯桃的"舍命之交"；刘备、关羽和张飞的"生死之交"；管仲、鲍叔牙的"管鲍之交"；孔融、祢衡的"忘年之交"。

你们把三百里以内的生灵都迁到高处,免得被水淹着。

你捏起拳头去叫战,许败不许胜,把那妖怪引到这来。

25. 大战红孩儿

生字闯关

mó zhàng	chǐ xiào	miào yǔ	ní nìng
魔障	耻笑	庙宇	泥泞

pēn tì	pí juàn	xiōng pú	yīng wǔ
喷嚏	疲倦	胸脯	鹦鹉

多音字大挑战

散
- sàn：分散
- sǎn：散文

作
- zuò：振作
- zuō fang：作坊

鞘
- qiào：刀鞘
- shāo：鞭鞘

词语充电

凶多吉少 ▲

释义：凶险的迹象多，吉祥的迹象少，指事态的发展趋势十分不妙。

出处：不好！不好！这阵风凶多吉少。想是猪八戒走错路也。

例句：他不小心从高处跌落，昏迷了十几天还没苏醒，看来是凶多吉少了。

近义词：不容乐观、不祥之兆

明火执仗 ▲

释义：点着火把，拿着武器，形容明目张胆、毫无顾忌地为非作歹。

出处：那借金银人，身贫无计，结成凶党，明火执杖，白日杀上我门……

例句：这伙匪徒明火执仗抢劫商铺和他人的财物，真是无法无天。

近义词：明目张胆、明火执械

毛骨竦然（毛骨悚然）

释义：毛发竖起，脊梁骨发冷，形容恐惧惊骇的样子。现常用作"毛骨悚然"。

出处：恨了一声，将手中宝珠净瓶往海心里扑的一掼，唬得那行者毛骨竦然……

例句：宁静的小区里，忽然传出了一阵凄厉的惨叫声，不禁让人毛骨悚然。

近义词：胆寒发竖、不寒而栗

名言积累

不可一日无君

出处：正是自古道："朝廷不可一日无君。"

释义：指一个国家或组织任何时候都不能没有首领。

识时务者为俊杰

出处：古人云："识得时务者，呼为俊杰。"

释义：指能认清当前的事态发展或了解时代趋势的人，才能成为出色的人物。

仿写闯关

● 下面这段话描写了龙王降雨的场景，注意其中刻画雨势由小变大的画面，请你仿照这种写法，写一段描写自然天气变化的练笔。

　　好雨！真个是：潇潇洒洒，密密沉沉。潇潇洒洒，如天边坠落银星；密密沉沉，似海口倒悬浪滚。起初时如拳大小，次后来瓮泼盆倾。满地浇流鸭顶绿，高山洗出佛头青。沟壑水飞千丈玉，涧泉波涨万条银。三叉路口看看满，九曲溪中渐渐平。这个是唐僧有难神龙助，扳倒天河往下倾。

大胆表达

● 请认真阅读下面几个问题，谈一谈自己的感想，也可以和同学一起讨论。

1. 在本节故事中，最能体现红孩儿"聪明狡黠"性格的是哪几件事？
2. 想象一下，红孩儿跟随观音菩萨离去后，会发生怎样的故事？

趣味答疑

● 什么是"相生相克"？

孙悟空、猪八戒第一次与红孩儿大战，发现他的绝招"三昧真火"非常厉害，不好对付，此时沙僧便出了个主意——"以相生相克拿他"。那么，沙僧的话是什么意思呢？

原来，古人认为宇宙万物按照特征可以分为火、水、木、金、土这五大类，也就是"五行"。五行之间不是孤立存在的，而是有"相生相克"的关系，"相生"可以理解为互相促进，"相克"可以理解为互相排斥。比如，木和火就是相生关系，也叫"木生火"；而水和火则是"相克"关系，也叫"水克火"。所以，孙悟空听完了沙僧的话，便去寻找龙王借水来灭火，可惜龙王的水浇不灭三昧真火，最后还是观音菩萨用净瓶借来海水才解决了问题。

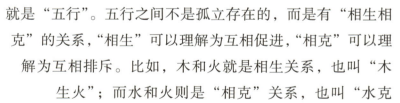

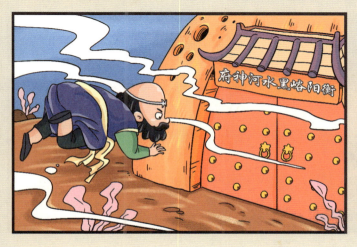

生字闯关

xīn xǐ	wàng xiǎng	fù yàn	ēn cì
欣喜	妄想	赴宴	恩赐

dí qīn	mǔ lì	fēng máng	pò zhàn
嫡亲	牡蛎	锋芒	破绽

多音字大挑战

溜
liū	liù
溜走	水溜

处
chǔ	chù
相处	去处

解
jiě	jiè	xiè
瓦解	押解	解数

词语充电

擦掌摩拳 ▲

释义：形容准备战斗或行动前，情绪高昂、跃跃欲试的样子。也作"摩拳擦掌"。

出处：众妖领命，一个个擦掌摩拳准备。

例句：拔河比赛就要开始了，同学们一个个擦掌摩拳，十分兴奋。

近义词：撺拳拢袖、跃跃欲试

欺心诳上 ▲

释义：弄虚作假，欺骗上级或长辈。诳，欺骗，迷惑。

出处：你怎么强占水神之宅，倚势行凶，欺心诳上，弄玄虚，骗我师父、师弟？

例句：你应当如实向上级汇报情况，不能犯欺心诳上的错误。

近义词：欺三瞒四、欺天罔地

26. 黑水河遇险

骋强背理 ▲

释义： 为人喜欢逞强，甚至不惜违背事理。

出处： 大圣，小鼍不知大圣大名。却才逆了表兄，骋强背理，被表兄把我拿住。

例句： 他很有能力，但总是骋强背理，动不动就和同事发生冲突。

近义词： 逞强好胜、逞强称能

名言积累

芒鞋踏破山头雾，竹笠冲开岭上云

原文： 徒弟呵，我一自当年别圣君，奔波昼夜甚殷勤。芒鞋踏破山头雾，竹笠冲开岭上云……

释义： 脚下的草鞋已踏遍了被浓雾笼罩的山头，头戴的斗笠冲开了岭上的云朵。形容不辞辛苦翻山越岭的样子。

龙生九种，九种各别

原文： 敖闰道："此正谓'龙生九种，九种各别'。"

释义： 一条龙生下九种小龙，各个都不一样，比喻同一家庭出身的子弟性情、品质各不相同。

仿写闯关

● 在下面这段文字中，作者采用了多种方法形容黑水河之"黑"，如将水比作"黑油""积炭""翻煤"，或是用"不照身影""牛羊不饮"进行侧面烘托等，让黑水河显得格外凶险、可怕。请你也尝试运用多种写作手法，仿写一个写景的小片段。

层层浓浪，叠叠浑波。层层浓浪翻乌潦，叠叠浑波卷黑油。近观不照人身影，远望难寻树木形。滚滚一地墨，滔滔千里灰。水沫浮来如积炭，浪花飘起似翻煤。牛羊不饮，鸦鹊难飞。牛羊不饮嫌深黑，鸦鹊难飞怕渺弥。只是岸上芦蘋知节令，滩头花草斗青奇。

大胆表达

● 请认真阅读下面几个问题，谈一谈自己的感想，也可以和同学一起讨论。

1. 从"黑水河遇险"这个故事中，你发现了妖怪鼍龙有什么样的性格特点？
2. 西海龙王和摩昂太子为什么宁肯帮助孙悟空，也不愿帮助自己的亲戚？

趣味答疑

● 现实生活中有"黑水河"吗？

《西游记》第四十三回中介绍了一条黑到极致的"黑水河"，里面的河水竟然像黑油一样。后来很多专家进行了考证，有的说黑水河在甘肃张掖，有的说它其实是内蒙古的额济纳河。但黑水河到底在哪里，一直没有统一的说法。

不过可以肯定的是，在现实中确实有"黑如油"的河流，像新疆戈壁就有一条"黑水河"，游客们发现河中持续不断地冒出大量黑色液体，后来专家通过分析，确定"黑水"是浓度很高的极品石油——稠油，这条河也因此身价倍增，成了"宝贝河"。我们不妨想象一下，唐僧师徒眼前的"黑水河"可能也蕴藏着宝贵的石油或其他矿物质，所以才会出现如此奇特的景象。

26. 黑水河遇险

27. 车迟国斗法

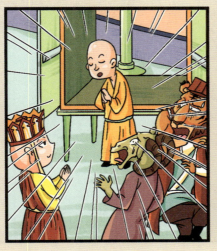

生字闯关

méng yá	chuǎng huò	tǎn tè	dǎo gào
萌芽	闯祸	忐忑	祷告

méng bì	qiān xùn	táng sè	chán yán
蒙蔽	谦逊	搪塞	谗言

多音字大挑战

簸
- bò 簸箕
- bǒ 颠簸

核
- hé 核心
- hú 杏核儿

弹
- dàn 子弹
- tán 弹跳

词语充电

兔走乌飞 ▲

释义：形容光阴迅速流逝。兔，传说中月亮里的玉兔，代指月亮。乌，传说中太阳里的金乌，代指太阳。

出处：兔走乌飞催昼夜，乌啼花落自春秋。

例句：兔走乌飞，白驹过隙，仿佛只是一转眼，十年就过去了。

近义词：日月如梭、玉走金飞

孤掌难鸣 ▲

释义：一个巴掌拍不响，比喻一个人孤立无助，难以成事。

出处：行者暗自喜道："我欲下去与他混一混，奈何'单丝不线，孤掌难鸣'。且回去照顾八戒、沙僧，一同来耍耍。"

例句：你虽然很有能力，可身边却无人协助，始终是孤掌难鸣，改变不了局面。

近义词：孤立无援、单丝不线

戴月披星 （披星戴月）▲	释义：头顶着月亮，身披着星星，形容早出晚归地辛勤劳动或是日夜兼程地赶路。现常用作"披星戴月"。 出处：真个是迎霜冒雪，戴月披星，行够多时，又值早春天气。但见：三阳转运，万物生辉。 例句：为了更好地服务人民群众，他们早已习惯了早出晚归、披星戴月。 近义词：餐风饮露、起早贪黑

名言积累

强龙不压地头蛇

原文：行者道："你也忒自重了，更不让我远乡之僧。也罢，这正是'强龙不压地头蛇'。先生先去，必须对君前讲开。"

释义：比喻外来的势力虽然很强大，却也斗不过盘踞在当地的势力。

棋逢对手，将遇良材

原文：虎力大仙道："陛下，左右是'棋逢对手，将遇良材'。贫道将钟南山幼时学的武艺，索性与他赌一赌。"

释义：比喻交战、比赛的双方实力相当，比拼十分激烈。

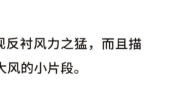

仿写闯关

● 在下面这个片段中，作者没有直接写"风大"，而是通过人物的表现反衬风力之猛，而且描写精细，画面感极强。请你想一想作者这样写的好处，再仿写一个刮大风的小片段。

　　只听得呼呼风响，满城中揭瓦翻砖，扬砂走石……演武厅前武将惊，会文阁内文官惧。三宫粉黛乱青丝，六院嫔妃蓬宝髻。侯伯金冠落绣缨，宰相乌纱飘展翅。当驾有言不敢谈，黄门执本无由递。金鱼玉带不依班，象简罗衫无品叙……刮得那君王父子难相会；六街三市没人踪，万户千门皆紧闭！

大胆表达

● 请认真阅读下面几个问题，谈一谈自己的感想，也可以和同学一起讨论。

1. 在车迟国，唐僧师徒与三大仙进行了哪几场比赛，结果如何？
2. 在"车迟国斗法"中，你发现三大仙和国王各有怎样的性格特点？

趣味答疑

● 唐僧说的"破烂流丢一口钟"到底是什么？

在"车迟国斗法"这个故事中，有一段情节是唐僧师徒和鹿力大仙比试"隔板猜物"。鹿力大仙先猜，说柜子里藏的是"山河社稷袄、乾坤地理裙"，也就是一套非常华丽、贵重的宫装。唐僧后猜，却说那是"破烂流丢一口钟"。

有的人一看到"钟"字就产生了误解，认为唐僧说的就是一只破铜钟，甚至在拍摄电视剧的时候，也出现了铜钟的镜头（后来进行了补拍，改为了正确的版本）。可事实上，"一口钟"是古代的一种服装样式，指的是长外衣或斗篷，加上"破烂流丢"的形容词，不难想到那是一件破破烂烂的旧斗篷。《西游记》第三十六回里也有这样的句子："有的披了袈裟；有的着了偏衫；无的穿着个一口钟直裰。"从这也能看出"一口钟"指的确实是服装。

跟四大名著学语文

墨墨◎编著 杨长飞◎绘

《西游记》③

（全4册）

北京理工大学出版社
BEIJING INSTITUTE OF TECHNOLOGY PRESS

目 录

28 险渡通天河 ………………………… 1

29 金岘山遇青牛怪 …………………… 10

30 女儿国遇难 ………………………… 20

31 真假美猴王 ………………………… 31

32 三调芭蕉扇 ………………………… 41

33 丢失的佛宝 ………………………… 52

34 文雅的树精 ………………………… 61

35 误入小雷音寺 ……………………… 67

36 拯救驼罗庄 …………………… 76

37 计盗紫金铃 …………………… 82

38 蜘蛛精与多目怪 …………………… 92

28 险渡通天河

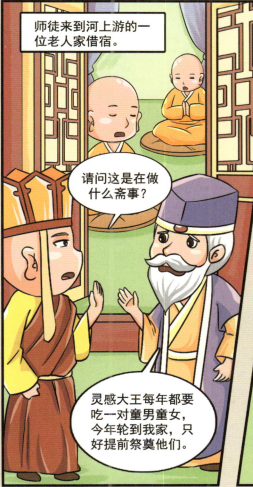

生字闯关

gěng yè	chái fēi	wū yán	mǎng zhuàng
哽咽	柴扉	屋檐	莽撞

chǒu lòu	yí hài	kàng jù	hàn dàn
丑陋	贻害	抗拒	菡萏

多音字大挑战

要
- yào 要强
- yāo 要求

盛
- shèng 盛开
- chéng 盛饭

挨
- āi 挨近
- ái 挨打

词语充电

锣鼓喧天 ▲

- 释义：原指作战时敲锣击鼓指挥进退，后多用于形容声音巨大、热闹喜庆的场面。喧，声响大而杂乱。
- 出处：兄弟正然谈论，只听得外面锣鼓喧天，灯火照耀，同庄众人打开前门……
- 例句：今天这家商场正式开业，只见广场上锣鼓喧天，热闹非凡。
- 近义词积累：鼓乐齐鸣、敲锣打鼓

不容分说 ▲

- 释义：不允许别人分辩解释。
- 出处：那怪不容分说，放开手，就捉八戒。
- 例句：妈妈不容分说，顺手夺走了小宇手中的手机。
- 近义词积累：不容置辩、不容置喙

释义： 指农作物获得了大丰收。五谷，原指稻、麦、黍（小米）、稷（高粱）、豆，这里泛指农作物。

出处： ……奉上大王享用。保祐风调雨顺，五谷丰登。

例句： 有道是"瑞雪兆丰年"，看来今年一定会风调雨顺，五谷丰登。

近义词积累： 五谷丰熟、年谷顺成

名言积累

鸡儿不吃无工之食

原文： 行者道："贤弟，常言道：'鸡儿不吃无工之食。'你我进门，感承盛斋，你还嚷吃不饱哩……"

释义： 比喻不能不劳而食，也比喻人不能无缘无故地接受别人给予的好处。

莫替古人耽（担）忧

原文： 行者道："老儿，莫替古人耽忧。我师父管他不死长命……"

释义： 指没必要做无用的担忧。

仿写闯关

● 请阅读下面这个片段，说一说作者从哪些方面描写了灵感大王的外貌，再观察一位同学或老师的外貌，仿写一个小片段。

　　顷刻间，庙门外来了一个妖邪。你看他怎生模样：金甲金盔灿烂新，腰缠宝带绕红云。眼如晚出明星皎，牙似重排锯齿分。足下烟霞飘荡荡，身边雾霭暖熏熏。行时阵阵阴风冷，立处层层煞气温。却似卷帘扶驾将，犹如镇寺大门神。

大胆表达

● 请认真阅读下面几个问题，谈一谈自己的感想，也可以和同学一起讨论，看看能不能说服对方。

1. 在本节故事中，你发现孙悟空、猪八戒身上有哪些优秀品质？
2. 灵感大王是一个怎样的妖怪？说说你的看法。

趣味答疑

● 鼋（yuán）是一种什么样的动物？

在本节故事中出现了一只有趣的"老鼋"，它长期居住在通天河底，一心修行。在唐僧师徒的眼中，它体形十分巨大，"有四丈围圆的一个大白盖（背甲的周长约为 13.33 米）"。

在现实中，确实存在"鼋"这种动物，虽然没有《西游记》中的"老鼋"这么庞大，但也是鳖科动物中体形最大的物种之一。一般的鼋体长 26～72 厘米，大的有 120 厘米左右，体重能达到 50 千克。它的背甲是褐黄色或褐黑色的，外面包着柔软的革质皮肤；它的头部较小，颈部粗短，头不能完全缩入壳内。鼋主要栖息在流动缓慢的淡水河流和溪流中，不常迁移，喜欢栖息在水底，这一点和《西游记》中的描写有类似之处。

29 金岘山遇青牛怪

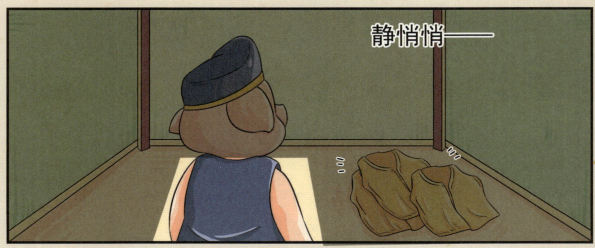

生字闯关

锦绣(jǐn xiù)　凄怆(qī chuàng)　隐瞒(yǐn mán)　救援(jiù yuán)

懊恼(ào nǎo)　藐视(miǎo shì)　踪迹(zōng jì)　散漫(sǎn màn)

多音字大挑战

圈		涨		拗		
quān	juàn	zhǎng	zhàng	ào	ǎo	niù
圈子	羊圈	涨潮	泡涨	拗断	拗口	执拗

词语充电

划地为牢（画地为牢） ▲

- **释义**：相传，古人在地上画圈，让犯罪者站在里面，以示惩罚。后用来指将某人的行动限制在一定范围内。
- **出处**：古人划地为牢。他将棍子划个圈儿，强似铁壁铜墙，假如有虎狼妖兽来时，如何挡得他住？
- **例句**：目前的形势，盲目地坚守在这个地方，无异于画地为牢。
- **近义词积累**：坐地自画、画地为狱

藏头露尾 ▲

- **释义**：藏起了头，却把尾巴露了出来，形容说话做事遮遮掩掩，害怕露出真相。
- **出处**：行者喝道："你这毛鬼讨打！既知我到，何不早迎？却又这般藏头露尾，是甚道理？"
- **例句**：他说话总是藏头露尾，让人捉摸不透。
- **近义词积累**：转弯抹角、藏形匿影

前倨后恭

释义：以前态度傲慢，后来态度恭敬。形容对人的态度前后有很大的差别。倨，傲慢。

出处：行者道："不敢！不敢！不是甚前倨后恭，老孙于今是没棒弄了。"

例句：对方前倨后恭的表现，让他心里很不舒服。

近义词积累：前慢后恭、前倨后卑

名言积累

道高一尺，魔高一丈

原文：道高一尺魔高丈，性乱情昏错认家。

释义：比喻一件事兴起，就会有另一件事超越其上。也比喻取得一定成就后，遇到的障碍会更大。

一物降一物

原文：常言道"一物降一物"哩。你好违了旨意？

释义：有一种事物，就会有另一种事物来制服它。

仿写闯关

● 下面这个片段使用了大量叠字、叠词，如"潺潺""滔滔""泠泠""滚滚""沧沧""渺渺""低低凹凹"等，增强了语言的韵律感，在模仿水流的声音时也更加形象逼真。请你试写一个小练笔，并尽可能多地加入叠词。

那水波涛泛涨，着实狂澜。好水！真个是：一勺之多，果然不测……只听得那潺潺声振谷，又见那滔滔势漫天。雄威响若雷奔走，猛涌波如雪卷颠。千丈波

高漫路道，万层涛激泛山岩。泠泠如漱玉，滚滚似鸣弦。触石沧沧喷碎玉，回湍渺渺漩窝圆。低低凹凹随流荡，满涧平沟上下连。

大胆表达

● 请认真阅读下面几个问题，谈一谈自己的感想，也可以和同学一起讨论，看看能不能说服对方。

  1. 孙悟空败下阵来，坐在金岘山后"扑梭梭两眼滴泪"。这"泪"里包含了哪些情感？

  2. 思考一下，如来为什么没有直接告诉孙悟空真相？

趣味答疑

● 孙悟空提到的两个"圈子"指的是什么？

  从金岘山脱险后，孙悟空感慨万千，对唐僧说："只因你不信我的圈子，却教你受别人的圈子。"

  这里的第一个"圈子"指的是孙悟空用金箍棒在平地上画的圈子，因为圈子带有他的法力，可以起到保护作用。如果唐僧、八戒、沙僧安心地坐在里面，就不会受到妖魔的伤害。可惜唐僧又一次听信了八戒的挑唆，不但出了圈子，还误闯了妖怪的洞府，受了不少折磨。

  这第二个"圈子"可以理解为圈套、陷阱，同时也影射了青牛怪手中那个像圈子一样的法宝——金钢琢。从孙悟空的这句话中，我们也可以看出，虽然他一直尽心保护师父，却常常得不到师父的信任，可想而知他的心情是多么失望和无奈。

29. 金岘山遇青牛怪

30. 女儿国遇难

30. 女儿国遇难

生字闯关

bǎi dù	zhǒng zhàng	chí yí	guī ju
摆渡	肿胀	迟疑	规矩

liú xián	fù yù	cán kuì	cuò zhé
流涎	馥郁	惭愧	挫折

多音字大挑战

模		调		难	
mó	mú	diào	tiáo	nàn	nán
模范	模样	调查	调和	大难	困难

词语充电

调虎离山 ▲

释义：设法使老虎离开原来所在的山头。比喻用计使对方离开有利的环境，好乘机行事。

出处：才然来，我是个调虎离山计，哄你出来争战，却着我师弟取水去了。

例句：他这才明白自己中了对方的调虎离山之计，顿时气得捶胸顿足，懊悔不已。

近义词积累：围魏救赵、声东击西

将计就计 ▲

释义：意思是利用对方使用的计策，反过来对付对方。

出处：老孙岂不知你性情，但只是到此地，遇此人，不得不将计就计。

例句：知道了他们的打算之后，我们将计就计，赢下了这场比赛。

近义词积累：以其人之道，还治其人之身

措手不及

释义：形容事情来得突然，根本来不及应付、处理。措手，着手处理、应付。

出处：那妖仙措手不及，推了一个躘踵，挣踏不起。

例句：老师突然决定进行随堂测验，同学们措手不及，都变得紧张起来。

近义词积累：始料不及、猝不及防

名言积累

怒从心上起，恶向胆边生

原文：那真仙不听说便罢，一听得说个悟空名字，却就怒从心上起，恶向胆边生；急起身，下了琴床……

释义：比喻愤怒到极点，就会失去理智，胆大到什么事都干得出来。

行不更名，坐不改姓

原文：行者道："你看先生说话。常言道：'君子行不更名，坐不改姓。'我便是悟空，岂有改托之理？"

释义：指在任何情况下都不会隐瞒自己的真实姓名。形容为人处世光明磊落。

仿写闯关

● 下面这段悟空三兄弟的对白生动地展现了三人不同的性格特点（如猪八戒自私自利、幸灾乐祸，沙僧憨厚老实、善良真诚等）。请你在阅读后说说自己的感受，再仿写一段同学或朋友之间的对白，注意语言、神态要符合人物的性格。

行者抱头，皱眉苦面，叫声："利害！利害！"八戒到跟前问道："哥哥，你怎么正战到好处，却就叫苦连天的走了？"行者抱着头，只叫："疼！疼！疼！"沙僧道：

"想是你头风发了？"行者跳道："不是！不是！"……八戒笑道："只这等静处常夸口，说你的头是修炼过的。却怎么就不禁这一下儿？"行者道："……今日不知这妇人用的是甚么兵器，把老孙头弄伤也！"沙僧道："你放了手，等我看看。莫破了！"

大胆表达

● 请认真阅读下面几个问题，谈一谈自己的感想，也可以和同学一起讨论，看看能不能说服对方。

1. 孙悟空是如何取到落胎泉水的，你从他身上学到了什么？
2. 请用自己的话简单讲述一下"女儿国遇难"这个故事，注意不要遗漏主要的情节。

趣味答疑

● 昴日星官到底是谁？

曾经蜇伤过如来，让孙悟空、猪八戒都拿她没办法的蝎子精，却被昴日星官的叫声吓死了，这不禁让我们对这位"神秘高手"昴日星官产生了强烈的好奇。

其实，昴日星官是我们之前介绍过的"二十八宿"中的一员，名叫"昴日鸡"，与"奎木狼"等属于同一级别的神仙，原形是一只六七尺高的大公鸡。所谓"一物降一物"，虽然蝎子具有毒素，可鸡恰好是它的克星，这是因为鸡的全身被厚厚的羽毛覆盖，鸡爪上又有坚硬的角质鳞片，不会被蝎子蜇到。不仅如此，鸡还有非常坚硬的喙，可以啄食蝎子。在凶猛的大公鸡面前，蝎子基本没有什么反抗的能力，作者便是从这一点出发，想象出了昴日星官消灭蝎子精的剧情。

31. 真假美猴王

生字闯关

谨慎（jǐn shèn）　慷慨（kāng kǎi）　晦气（huì qì）　嫉妒（jí dù）

巢穴（cháo xué）　悔恨（huǐ hèn）　祛除（qū chú）　辨认（biàn rèn）

多音字大挑战

发		舍		仆	
fā	fà	shè	shě	pū	pú
发生	发型	寒舍	舍得	前仆后继	仆人

词语充电

泪如泉涌 ▲

释义：眼泪如泉水一样涌出来。形容十分悲伤、泪流不止的样子。
出处：行者望见菩萨，倒身下拜，止不住泪如泉涌，放声大哭。
例句：听到亲人去世的消息，妈妈悲伤不已，泪如泉涌。
近义词积累：泪如雨下、泪眼汪汪

巧语花言 ▲

释义：话说得很好听，却没有实际内容，或是内容虚假。多指虚伪而动听的话。现常用作"花言巧语"。
出处：不知他会使筋斗云，预先到此处；又不知他将甚巧语花言，影瞒菩萨也。
例句：你要是轻信了他的巧语花言，就会掉进他设下的陷阱。
近义词积累：甜言蜜语、巧言令色

地覆天翻 ▲

释义： 形容变化极大，或是场面极为混乱。现常用作"天翻地覆"。

出处： 这两个行者只怕斗出不好来，地覆天翻，作祸在那里！

例句： 这几十年来，我们的国家发生了地覆天翻的变化。

近义词积累： 今非昔比、翻天覆地

名言积累

德者本也，财者末也

原文： 古书云："德者，本也；财者，末也。"此是末事。

释义： 这句话出自《礼记·大学》，意思是德行才是做人的根本，而钱财是最不重要的东西。

上天无路，入地无门

原文： 却说唐僧因他打死多人，心生怨恨，不分皂白，遂念《紧箍儿咒》，赶他几次。上天无路，入地无门，特来告诉菩萨。

释义： 形容处境极其困难，无路可走。

仿写闯关

● 下面这个片段描写了端午节前后的野外景色。请你在阅读后指出作者描写了哪些典型的夏日景象，再说一说作者提到的端午风俗和典故，然后仿写一篇"端午"小练笔。

一路无词，又早是朱明（夏季）时节，但见那：熏风时送野兰香，濯雨才晴新竹凉。艾叶满山无客采，蒲花盈涧自争芳。海榴娇艳游蜂喜，溪柳阴浓黄雀狂。长路那能包角黍（粽子），龙舟应吊汨罗江。

31. 真假美猴王

大胆表达

● 请认真阅读下面几个问题,谈一谈自己的感想,也可以和同学一起讨论,看看能不能说服对方。

1. 唐僧为作恶的歹徒焚香祷告,说明了他有什么样的性格特点?
2. 假美猴王到底是谁,最后他是如何被揭穿的?

趣味答疑

● "谛听"是什么样的神兽?

在"真假美猴王"这个故事中,孙悟空和六耳猕猴前去找观音、玉帝等分辨真假,都没有结果。此时,只有地藏王菩萨经案下伏的"谛听"听出了真伪,但又不愿当面说破。因为六耳猕猴法力和孙悟空不分上下,如果惊动了他,会搅得幽冥府一团大乱。

这里提到的"谛听",是一种有名的神兽,其原形是一条白犬。相传,在唐开元末年,有位24岁的古新罗(现在的韩国)王子带着一条白犬来到大唐,削发为僧。后人说,这位王子是地藏王菩萨的化身,白犬是他忠实的宠物谛听。传说中,谛听有虎头(代表智勇)、独角(代表公断力)、犬耳(代表善听)、龙身(代表吉祥)、狮尾(代表耐性)、麒麟足(代表四平八稳),也被人称为"九不像"。

32. 三调芭蕉扇

生字闯关

yán rè	chóu chú	miǎo rán	láo lù
炎热	踌躇	渺然	劳碌

fán zào	zuì qiān	xiè dài	tì tǎng
烦躁	罪愆	懈怠	倜傥

多音字大挑战

长
cháng	zhǎng
长度	长大

似
sì	shì
相似	似的

强
qiáng	qiǎng	jiàng
强壮	强迫	倔强

词语充电

寸草不生 ▲

释义：形容土地十分贫瘠，环境非常恶劣，连一根草都无法生长。

出处：那山离此有六十里远，正是西方必由之路，却有八百里火焰，四周围寸草不生。

例句：这片大漠由于极度缺水，寸草不生，所以看上去十分荒凉。

近义词积累：不毛之地、荒无人迹

火上浇油 ▲

释义：往火上倒油。比喻让人更加愤怒，或是让事态更加严重。

出处：那罗刹听见"孙悟空"三字，便似撮盐入火，火上浇油……

例句：她本来就很气愤，同学还在一旁火上浇油，让她忍不住大发脾气。

近义词积累：推波助澜、雪上加霜

32. 三调芭蕉扇

难解难分

释义：指双方争吵或打斗、比赛等相持不下，难以分开；也形容双方关系十分亲密，根本分不开。也作"难分难解"。

出处：这大圣与那牛王斗经百十回合，不分胜负。正在难解难分之际，只听得山峰上有人叫道……

例句：校园辩论会上，正方和反方的同学各持己见，争得难解难分。

近义词积累：相持不下、不可开交

名言积累

光阴似箭，日月如梭

原文：说不尽光阴似箭，日月如梭。历过了夏月炎天，却又值三秋霜景。

释义：光阴就像射出去的箭一样，日月就像纺织机上的梭一样。比喻时间过得很快。

得胜的猫儿欢似虎

原文：这大圣果然欢喜，——古人云"得胜的猫儿欢似虎"也，——只倚着强能，更不察来人的意思……

释义：形容因取得了胜利而得意忘形，自以为了不起。

仿写闯关

● 下面这两个片段通过描写铁扇公主外貌的前后差异，体现了人物的心理变化。请你说一说这样写的好处，再尝试仿写一段人物外貌变化的小练笔。

1. 只见他：头裹团花手帕，身穿纳锦云袍。腰间双束虎筋绦，微露绣裙偏衬。凤嘴弓鞋三寸，龙须膝裤金销。手提宝剑怒声高，凶比月婆容貌。

2. 罗刹听叫，急卸了钗环，脱了色服，挽青丝如道姑，穿缟素似比丘……

大胆表达

● 请认真阅读下面几个问题，谈一谈自己的感想，也可以和同学一起讨论，看看能不能说服对方。

1. "二调芭蕉扇"中孙悟空本已经拿到了真芭蕉扇，却得而复失，主要原因是什么？
2. "三调芭蕉扇"到底是哪"三调"？请用自己的话说一说，注意不要漏掉重要的情节和人物。

趣味答疑

● 现实中有没有"火焰山"？

《西游记》中的火焰山是一个十分凶险的地方。根据一位老者的描述，火焰山"有八百里火焰，四周围寸草不生。若过得山，就是铜脑盖，铁身躯，也要化成汁"。而在我们的现实生活中，也有一座著名的"火焰山"，它就在新疆吐鲁番盆地的北缘，是吐鲁番很著名的景点之一。

在《山海经》中，火焰山被称为"炎火之山"，维吾尔语叫"克孜勒塔格"，意为"红山"。这里也是我国最热的地方，夏季气温最高能达到47.8℃，地表最高温度高达89℃，是名副其实的"热极"；而且这里降水量极少，终年不下雨的情况也不少见，所以还是有名的"干极"。

33 丢失的佛宝

生字闯关

| xíng shì | jié jìng | pái biǎn | xún wèn |
| 形 势 | 洁 净 | 牌 匾 | 询 问 |

| jiā suǒ | tiáo zhou | dài mào | jiā juàn |
| 枷 锁 | 笤 帚 | 玳 瑁 | 家 眷 |

多音字大挑战

血		载		把	
xuè	xiě	zǎi	zài	bǎ	bà
血红	血淋淋	记载	载客	把握	茶壶把儿

词语充电

兔死狐悲 ▲

释义：兔子死了，狐狸感到悲伤，比喻因同类的死亡或失败而感到难过。

出处：三藏叹曰："兔死狐悲，物伤其类。"

例句：看到街头的店铺一家家倒闭，同为经营者的他不免生出了兔死狐悲的感觉。

近义词积累：狐死兔泣、芝焚蕙叹

幕天席地 ▲

释义：把天当成帐篷，把地当成席子，指在露天里进行活动。也用来形容性情豁达，生活随意不受拘束。

出处：众兄弟在星月光前，幕天席地，举杯叙旧。

例句：同学们跟随老师到野外露营，幕天席地中别有一番滋味。

近义词积累：风餐露宿、餐风饮露

落花流水

释义：原本形容暮春时节景色衰败的样子。后常用来比喻被打得大败。

出处：这厮锐气挫了！被我那一路钯，打进去时，打得落花流水，魂散魄飞！

例句：战士们利用居高临下的优势，把前来进犯的敌军打得落花流水。

近义词积累：丢盔弃甲、人仰马翻

名言积累

方以类聚，物以群分

原文：万望爷爷怜念，方以类聚，物以群分，舍大慈大悲，广施法力，拯救我等性命！

释义：各种方术因种类相同可以归结在一起，各种事物因种类不同可以区分开来。后指人或事物可以按其性质区分类别或聚集在一起。

人不可貌相，海水不可斗量

原文：陛下，"人不可貌相，海水不可斗量"。若爱丰姿者，如何捉得妖贼也？

释义：不能只根据相貌评判一个人，这就像海水不能用小小的斗去度量一样。比喻看人不能只看外表，也不能因为某一点不足就仓促地得出结论。

仿写闯关

● 下面这个片段描写了祭赛国宝塔的形状、构造、装饰、环境等。请你在阅读后画出自己喜欢的句子，再选取一座熟悉的建筑物，仿写一小段说明文字。

只见这塔，真是：峥嵘倚汉，突兀凌空……梯转如穿窟，门开似出笼。宝瓶影射天边月，金铎声传海上风……虚檐拱斗，作成巧石穿花凤；绝顶留云，造就浮屠绕雾龙。远眺可观千里外，高登似在九霄中。层层门上琉璃灯，有尘无火；步步檐前白玉栏，积垢飞虫。塔心里，佛座上，香烟尽绝；窗棂外，神面前，蛛网牵朦。炉中多鼠粪，盏内少油镕。

大胆表达

● 请认真阅读下面几个问题，谈一谈自己的感想，也可以和同学一起讨论，看看能不能说服对方。

    1. 谁才是盗走佛宝的罪魁祸首？最后佛宝是如何安置的？
    2. 曾经与孙悟空为敌的二郎神，为什么愿意伸出援手？

趣味答疑

● 祭赛国宝塔上的"佛宝"到底是什么？

    根据黑鱼精㴩波儿奔的供词，丢失的佛宝是"舍利子"。所谓的"舍利子"，其实是梵语的音译，指的是遗骸、遗骨。

    一般僧人死后留下的头发、指甲、骨头等都可以称为"舍利"，而得道高僧的遗体在火化后，产生的结晶体才是"舍利子"，也被当成佛家的圣物（对于这种现象产生的原因，科学家还没有找到确切的答案）。传说，佛教创始人火化后发现了许多颗五光十色、坚硬如钢的透明舍利子。这些舍利子就成了无价的"佛宝"，被送往各处的高塔供养起来，作者很可能是根据这一点创作了本节故事。

生字闯关

tí kū	hén jì	lián luò	chān fú
啼哭	痕迹	联络	搀扶

fú líng	xiāo qiǎn	pó suō	fěi cuì
茯苓	消遣	婆娑	翡翠

多音字大挑战

空
kōng	kòng
天空	空白

劲
jìng	jìn
劲敌	劲头

都
dōu	dū
都是	都城

词语充电

一望无际 ▲

释义：一眼望不到边，形容非常辽阔。
出处：行者道："一望无际，似有千里之遥。"
例句：在一望无际的大海上，一只海燕正自由自在地飞翔。
近义词积累：无边无际、广袤无垠

班门弄斧 ▲

释义：在鲁班门前耍弄斧头。比喻不自量力的人在行家面前卖弄本领。
出处：三藏道："弟子一时失口，胡谈几字，诚所谓班门弄斧。适闻列仙之言，清新飘逸，真诗翁也。"
例句：他是这个领域真正的行家，我怎敢在他面前班门弄斧呢？
近义词积累：布鼓雷门、贻笑大方

> **阳春白雪**
>
> **释义**：原指战国时代楚国高雅的、难以被一般人欣赏的乐曲，后比喻过于高深、不够通俗的艺术作品。
>
> **出处**：长老听了，赞叹不已道："真是阳春白雪，浩气冲霄！弟子不才，敢再起两句。"
>
> **例句**：文坛需要阳春白雪式的作品，但也不能缺少大众喜闻乐见的通俗作品。
>
> **近义词积累**：曲高和寡、大雅之堂

名言积累

没底竹篮汲水，无根铁树生花

原文：必须要检点见前面目，静中自有生涯。没底竹篮汲水，无根铁树生花。

释义：用没有底的竹篮打水，让没有根的铁树开花，比喻事情终究是一场空。

百尺竿头须进步

原文：百尺竿头须进步，十方世界立行藏。

释义：原指道行、造诣虽深，但仍需修炼提高。现在比喻学问、成就等达到了很高的境界后，仍然不能满足，要进一步努力，以取得更高的成就。后有成语"百尺竿头，更进一步"。

仿写闯关

● 下面这个片段描写了猪八戒在荆棘岭开路时的语言、神态和动作。请你在阅读后说一说这段话反映了猪八戒怎样的性格特点，再仿写一段话，注意语言、表情、动作要符合人物的性格。

八戒笑道："要得度，还依我。"

好呆子，捻个诀，念个咒语，把腰躬一躬，叫："长！"就长了有二十丈高下的身躯；把钉钯幌一幌，教："变！"就变了有三十丈长短的钯柄；拽开步，双手使钯，将荆棘左右搂开："请师父跟我来也！"三藏见了甚喜，即策马紧随。

大胆表达

● 请认真阅读下面几个问题,谈一谈自己的感想,也可以和同学一起讨论,看看能不能说服对方。

　　1. 荆棘岭的妖怪是如何掳走唐僧的,后来又发生了什么?
　　2. 荆棘岭上的妖怪都很"文雅",悟空、八戒为什么坚持要消灭他们?

趣味答疑

● "四皓"指的是什么?

　　在《西游记》第六十四回中,唐僧询问四个老者"得非汉时之'四皓'乎(是不是汉朝时的'四皓')"。老者连忙否定,说"吾等非四皓,乃深山之'四操'(操,这里指操守、品行)也"。

　　这里所说的"四皓"也叫"商山四皓",指的是四位德高望重、品行高洁的老人。他们原本是秦国人,由于秦始皇焚书坑儒,四位老人成了被通缉的对象,只得逃离咸阳,隐居在上洛商山。后来他们被请出山,辅佐汉太子刘盈,建立了伟大的功勋。但他们始终不为功名利禄动心,在刘盈登上皇位后主动选择离开朝堂,重返山林。后人对他们的品行十分赞赏,就连《西游记》中荆棘岭上的四个妖怪都以他们为学习的对象,还给自己取名为"深山四操"。

生字闯关

zhēn zhuó	chén āi	yōu yáng	kào shǎng
斟酌	尘埃	悠扬	犒赏
qiān ràng	biān fú	jīng ruì	dì jiào
谦让	蝙蝠	精锐	地窖

多音字大挑战

纤		龟		貉	
qiàn	xiān	guī	qiū cí	hé	háo
纤夫	纤细	乌龟	龟兹	一丘之貉	貉子

词语充电

呐喊摇旗（摇旗呐喊） ▲

释义：比喻给别人助长声势。现常用作"摇旗呐喊"。
出处：那山门口鸣锣擂鼓，众妖精呐喊摇旗。
例句：将军提枪上阵，周围的士兵呐喊摇旗，为他助威。
近义词积累：助长声势、擂鼓助威

一拥而上 ▲

释义：指许多人同时向一个目标冲了过去。
出处：……同八戒、沙僧，——不领唐三藏，丢了白龙马——各执兵器，一拥而上。
例句：盗窃分子终于出现了，守候多时的民警们一拥而上，将他当场抓获，还扣押了他身上的赃物。
近义词积累：一哄而上、蜂拥而至

35. 误入小雷音寺

> **释义**：办法都用尽了，力气也用完了。形容陷入了绝境，已经无计可施。
>
> **出处**：妖王笑道："那猴儿计穷力竭，无处求人，断然是送命来也。"
>
> **例句**：公司遇到了严重的经营危机，董事长计穷力竭，只得无奈地宣告破产。
>
> **近义词积累**：计穷力屈、黔驴技穷

计穷力竭

名言积累

只有天在上，更无山与齐

原文：行者道："古诗不云：'只有天在上，更无山与齐。'但言山之极高，无可与他比并，岂有接天之理！"

释义：这句诗出自北宋政治家、诗人寇准的《咏华山》，意思是比华山高的只有蓝天，没有任何一座山峰能和它平齐，这是在用夸张的手法形容华山的高耸巍峨。

人未伤心不得死，花残叶落是根枯

原文：那怪虽是肚腹绞痛，还未伤心。俗语云："人未伤心不得死，花残叶落是根枯。"

释义：意思是人的心和花木的根一样重要，人的心受到创伤，或是极度悲痛、伤心，便会像花草因根部枯萎而逐渐凋谢、死亡。

仿写闯关

● 下面这个片段在描写假雷音寺的外观时，烘托出了一种仙气缥缈的意境。请你在阅读后画出自己喜欢的句子，再仿写一段富有意境的小练笔。

真个是：珍楼宝座，上刹名方。谷虚繁地籁，境寂散天香。青松带雨遮高阁，翠

竹留云护讲堂。霞光缥缈龙宫显，彩色飘摇沙界长。朱栏玉户，画栋雕梁。谈经香满座，语箓月当窗。鸟啼丹树内，鹤饮石泉旁。四围花发琪园秀，三面门开舍卫光。楼台突兀门迎嶂，钟磬虚徐声韵长。

● 请认真阅读下面几个问题，谈一谈自己的感想，也可以和同学一起讨论，看看能不能说服对方。

    1. 孙悟空是如何从金铙中脱险的？这对你有什么启发？
    2. 从唐僧误入小雷音寺的遭遇中，你学到了哪些教训？

趣味答疑

● "弥勒笑和尚"到底是谁？

    在本节故事最后，出现了一位法力高强、地位尊贵的人物，作者称他为"弥勒笑和尚""东来佛祖"，他其实就是佛教著名的"未来佛"——弥勒佛（按照佛教的说法，佛祖其实有三位，如来佛祖是现在佛，燃灯古佛是过去佛）。

    弥勒佛通常以胖乎乎的、不拘小节的形象出现，常见的雕像也是袒胸露腹、喜笑颜开、背着一个布袋的样子。有这么一副对联便是形容他的："开口便笑，笑古笑今，凡事付之一笑；大肚能容，容天容地，于己何所不容。"那布袋据说能够装下天地万物，人被装进去后则会脱胎换骨，也因为这件法宝，弥勒佛又被称为"布袋和尚"。

35. 误入小雷音寺

生字闯关

wū huì	pū shè	piān pì	chā yāng
污秽	铺设	偏僻	插秧

qīng màn	xiè lǐ	chǔ zhì	hài xiū
轻慢	谢礼	处置	害羞

多音字大挑战

塞
- sāi 塞住
- sài 边塞
- sè 堵塞

挑
- tiāo 挑拨
- tiāo 挑水

同
- tóng 同行
- tòng 胡同

词语充电

大呼小叫 ▲

- **释义**：高一声、低一声地乱喊乱叫。
- **出处**：里面有一老者，手拖藜杖，足踏蒲鞋，头顶乌巾，身穿素服，开了门便问："是甚人在此大呼小叫？"
- **例句**：孩子做错了事，家长不要大呼小叫，而是要耐心地给孩子讲道理。
- **近义词积累**：大吵大闹、大喊大叫

移星换斗 ▲

- **释义**：改变天空中星斗的位置。比喻法术奇妙、能力高超。
- **出处**：也能搅海降龙母，善会担山赶日头；缚怪擒魔称第一，移星换斗鬼神愁。
- **例句**：纵然他有移星换斗的能力，也无法改变眼下的处境。
- **近义词积累**：神通广大、物转星移

36. 拯救驼罗庄

打草惊蛇
▲

释义：打了草，却惊走了草里的蛇。比喻行动不够谨慎，反而让对方有所戒备。

出处：八戒道："老猪在此打草惊蛇哩！"

例句：对方似乎还未察觉我们的意图，我们可以先按兵不动，避免打草惊蛇。

近义词积累：操之过急、风吹草动

名言积累

说金子幌眼，说银子傻白，说铜钱腥气

原文：行者道："何必说要甚么谢礼！俗语云：'说金子幌眼，说银子傻白，说铜钱腥气！'我等乃积德的和尚，决不要钱。"

释义：提起金子就说太晃眼，提起银子就说太白，提起铜钱嫌有腥气。形容人视金钱如粪土，不愿多提钱财之事。也指做善事是为了道义而不是为了钱财。

夜行以烛，无烛则止

原文：八戒道："古人云：'夜行以烛，无烛则止。'你看他打一对灯笼引路，必定是个好的。"

释义：出自《礼记·内则》，意思是夜游要用灯烛照路，没有灯烛则不要出行。

仿写闯关

● 下面这个片段生动地描写了红鳞大蟒的样子，其中运用了比喻、夸张等修辞手法。请你仿写一个小片段，注意综合运用多种修辞手法。

眼射晓星，鼻喷朝雾。密密牙排钢剑，弯弯爪曲金钩。头戴一条肉角，好便似千千块玛瑙攒成；身披一派红鳞，却就如万万片胭脂砌就。盘地只疑为锦被，飞空错认作虹霓。歇卧处有腥气冲天，行动时有赤云罩体。大不大，两边人不见东西；长不长，一座山跨占南北。

大胆表达

● 请认真阅读下面几个问题，谈一谈自己的感想，也可以和同学一起讨论，看看能不能说服对方。

1. 请用自己的话说一说孙悟空、猪八戒"拯救驼罗庄"的过程。
2. 猪八戒在稀柿衕开路时，老百姓为什么会自发赶来送饭？

趣味答疑

● "稀柿衕"是什么样的地方？

本节故事描写了一条恶臭熏天的"稀柿衕"，它位于七绝山中，满山都是柿子树，可惜因为路不好走，周围的人家又很少，无人采摘成熟的柿子，使得一条"夹石衕衕"被熟透掉落的柿子填满，随后发霉发臭，变成了一路污秽。

好吃的柿子被如此浪费，不禁让人很是心疼。其实柿子有很多好处，作者也提到柿树有"七绝"，所以这里才会被称为"七绝山"。在我们的现实生活中，也有两条有名的柿子沟，分别在山东青州和河北保定。由于这里的人们采摘及时，不会出现浪费的情况，吃不完的柿子还被做成柿饼等美味的食品，畅销国内外。

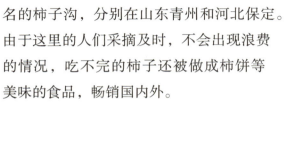

生字闯关

携(xié)手　　厉(lì)声　　酬(chóu)谢(xiè)　　黄(huáng)粱(liáng)

惊(jīng)讶(yà)　　梳(shū)妆(zhuāng)　　忧(yōu)愁(chóu)　　困(kùn)倦(juàn)

多音字大挑战

屏	相	还
屏(píng)风 | 屏(bǐng)气	相(xiāng)似 | 丞相(xiàng)	还(huán)乡 | 还(hái)有

词语充电

河清海晏 ▲

释义：黄河的水变得清澈了，大海也变得平静了。比喻天下太平。河，这里指黄河。晏，平静。

出处：河清海晏，大德宽仁。

例句：我们的国家安定繁荣，人民安居乐业，这就是河清海晏的好日子。

近义词积累：太平盛世、海晏河澄

面黄肌瘦 ▲

释义：脸色发黄，身体瘦削，形容营养不良或患病后的样子。

出处：长老听说，偷睛观看，见那皇帝面黄肌瘦，形脱神衰。

例句：路边坐着一个面黄肌瘦、表情呆滞的小男孩，看上去十分可怜。

近义词积累：面有菜色、鹄形菜色

37. 计盗紫金铃　　89

> **将功折罪**
>
> 释义：用功劳弥补之前犯下的过错、罪责。
> 出处：……观音菩萨救了我，将我锯了角，退了鳞，变作马，驮师父往西天取经，将功折罪。
> 例句：他已经认识到了自己的错误，给他一个将功折罪的机会吧。
> 近义词积累：以功补过、将功补过

名言积累

药不跟卖，病不讨医

原文："……常言道：'药不跟卖，病不讨医。'你去教那国王亲来请我，我有手到病除之功。"

释义：药不能跟着病人兜售，病不能主动包揽着给病人医治，比喻态度不能过于热切、主动，否则会让人产生怀疑心理。

家丑不可外谈

原文：国王道："古人云：'家丑不可外谈。'奈神僧是朕恩主，惟不笑方可告之。"

释义：家里不光彩的事情不便向外宣扬，也作"家丑不可外扬"。

仿写闯关

● 下面这个片段描写了朱紫国的皇家盛宴，你可以数一数作者写出了哪些菜肴，再试着从品种、外形、香气、滋味等方面描写你喜欢的几种菜肴。

古云："珍羞百味，美禄千钟。琼膏酥酪，锦缕肥红。"宝妆花彩艳，果品味香浓。斗糖龙缠列狮仙，饼锭拖炉摆凤侣。荤有猪羊鸡鹅鱼鸭般般肉，素有蔬肴笋芽木耳并蘑菇。几样香汤饼，数次透糖酥。滑软黄粱饭，清新菰米糊。色色粉汤香又辣，般般添换美还甜。

大胆表达

● 请认真阅读下面几个问题，谈一谈自己的感想，也可以和同学一起讨论，看看能不能说服对方。

1. 你认为朱紫国国王真正的病因是什么？
2. 在"计盗紫金铃"这个故事中，你从孙悟空身上学到了什么？

趣味答疑

● "悬丝诊脉"是真的吗？

在本节故事中，作者安排了一段孙悟空为朱紫国国王"悬丝诊脉"的情节。可事实上，"悬丝诊脉"并不科学，它更像是一场表演，没有实在的诊疗功能。

中医讲究"望闻问切"（也叫"中医四诊法"），"望"是观察病人的气色、精神状态；"闻"是听病人说话的声音、呼吸、咳嗽等声响；"问"是直接询问病人的感觉以及各种症状；"切"是中医用手指去摸病人的脉象，也叫"把脉"。把脉时，中医需要直接接触病人的手腕，感受动脉搏动的速度、强度、节律等，再结合"望、闻、问"环节得到的信息，才能对病人的身体状况做出综合的判断，所以单凭几根丝线或金线进行"远程把脉"，是不可能知道病人所患何病的。

37. 计盗紫金铃

生字闯关

míng mèi	máo wū	chán juān	jiān áo
明媚	茅屋	婵娟	煎熬

xiū chǐ	hū huàn	cái jiǎn	xǐ yù
羞耻	呼唤	裁剪	洗浴

多音字大挑战

行		闷		晕	
xíng	háng	mèn	mēn	yūn	yùn
行走	行列	烦闷	闷热	晕倒	红晕

词语充电

不见天日 ▲

释义：乌云遮住了天空和太阳，形容天气阴沉得厉害或环境黑暗，没有亮光，也比喻社会黑暗，看不到一丝希望和光明。

出处：那呆子忽抬头不见天日，即抽身往外便走。

例句：在这不见天日的地底，藏着很多珍贵的矿藏，等待着人们来开发。

近义词积累：暗无天日、漆黑一团

隐姓埋名 ▲

释义：隐瞒自己的真实姓名，不想让别人知道。

出处：我隐姓埋名，更无一人知得，你却怎么得知？

例句：为了不泄露机密，她隐姓埋名，在一个小村子里生活了十几年。

近义词积累：变迹埋名、遁名匿迹

释义：顺手把人家的羊牵走，比喻乘机拿走别人的东西，也比喻趁势将敌手捉住或乘机利用别人。

出处：他一个个都会些武艺，手脚又活，把长老扯住，顺手牵羊，扑的掼倒在地。

例句：他很爱占小便宜，路过农贸市场，也要顺手牵羊拿人家两个橘子。

近义词积累：浑水摸鱼、趁火打劫

名言积累

有事弟子服其劳

原文：古书云："有事弟子服其劳。"等我老猪去。

释义：出自《论语·为政》，意思是遇到事情，晚辈要为长辈效劳。弟子，在这里指晚辈。

好事不出门，恶事传千里

原文：行者道："正是'好事不出门，恶事传千里'。像我如今皈正佛门，你就不晓得了！"

释义：指好事不容易被人知道，坏事却传播得极快。也作"好事不出门，恶事行千里"。

仿写闯关

● 下面这个片段描写了孙悟空变身为穿山甲时的情景。请你在阅读后想一想作者是从哪些方面展示穿山甲特点的，再运用句中的修辞手法写一段描写小动物的练笔。

好大圣，念个咒语，摇身一变，变做个穿山甲，又名鲮（líng）鲤鳞。真个是：

四只铁爪,钻山碎石如挝(zhuā)粉;满身鳞甲,破岭穿岩似切葱。两眼光明,好便似双星幌亮;一嘴尖利,胜强如钢钻金锥……你看他硬着头,往地下一钻,就钻了有二十馀里,方才出头。

● 请认真阅读下面几个问题,谈一谈自己的感想,也可以和同学一起讨论,看看能不能说服对方。

    1. 唐僧为什么会误入蜘蛛精设下的陷阱?
    2. 唐僧师徒四人为什么只有孙悟空没有中毒?

● "多目怪"是一种什么样的妖怪?

    在本节故事中,唐僧师徒遇到了一个很不好对付的妖怪——"多目怪",他会制作毒药,让唐僧、八戒和沙僧全部中了毒。他的两肋下还有1000只眼,眼中能放出极有杀伤力的金光,若不是孙悟空急中生智变成穿山甲从地下逃走,就会被他伤害。

    后来多目怪被毗蓝婆制服,现出了原形,我们才知道他是一条七尺长短的大蜈蚣精。而蜈蚣也被称为"百足虫",是一种节肢动物,身体很长,每一节都有一对脚,而且脚呈钩状,比较锐利,还含有毒腺,能够排出毒汁,所以被蜈蚣咬伤,人会中毒。作者便是在这些特点的基础上,进行了大胆的想象,把"脚"改成"眼",才创造出了令人印象深刻的"多目怪"。

跟四大名著学语文

《西游记》 ④

（全4册）

墨墨◎编著　杨长飞◎绘

北京理工大学出版社
BEIJING INSTITUTE OF TECHNOLOGY PRESS

目 录

39 狮驼岭三魔头 …………………… 1

40 比丘国救童子 …………………… 12

41 被困无底洞 ……………………… 20

42 灭法国剃头 ……………………… 32

43 连环洞徒弟祭师父 ……………… 39

44 凤仙郡求雨 ……………………… 48

45 丢失的兵器 ……………………… 54

46 大战犀牛精 ……………………… 64

47	真假公主之谜 …………………… 75
48	被冤枉的师徒 …………………… 84
49	错取无字经书 …………………… 92
50	最后的磨难 …………………………… 99

39 狮驼岭三魔头

生字闯关

péng sōng	bāng chèn	cì hou	pán rào
蓬松	帮衬	伺候	盘绕

hóu long	lǎ ba	liàng shài	dǎ dǔn
喉咙	喇叭	晾晒	打盹

多音字大挑战

乘
- chéng　乘客
- shèng　千乘之国

勾
- gōu　勾画
- gòu　勾当

蹬
- dèng　蹭蹬
- dēng　蹬倒

词语充电

家长里短 ▲

释义：家里的、邻里之间的日常生活琐事。里，邻里，邻居。

出处：行者自心惊道："这一关了门，他再问我家长里短的事，我对不来，却不弄走了风，被他拿住？且再唬他一唬，教他开着门，好跑。"

例句：奶奶没事就去邻居家串门，说一些家长里短的事情。

近义词积累：家常里短、家长礼短

面面相觑 ▲

释义：你看我，我看你，不知道如何才好。觑，看。

出处：二怪把三藏慈悯善胜之言，对众说了一遍。一个个面面相觑，更不敢言。

例句：没想到会遇到这么棘手的问题，大家面面相觑，谁都不肯先开口。

近义词积累：目目相觑、面面相看

39. 狮驼岭三魔头

头晕眼花 ▲

释义：头脑昏沉，视觉模糊。

出处：老怪一饮而干，洼着口，着实一呕，那大圣在肚里生了根，动也不动；却又拦着喉咙，往外又吐，吐得头晕眼花，黄胆都破了，行者越发不动。

例句：他早上起来就觉得很不舒服，头晕眼花，站都站不稳。

近义词积累：头晕目眩、头昏眼花

名言积累

山高自有客行路，水深自有渡船人

原文：行者笑道："师父说那里话。自古道：'山高自有客行路，水深自有渡船人。'岂无通达之理？可放心前去。"

释义：再高的山也有可以行走的道路，再深的水也有人摆渡行船。这句话讲的是道路再艰险、事情再难办，只要努力去做，就总能找到办法的道理。

铁刷帚刷铜锅，家家挺硬

原文：却说那三个魔头齐心竭力，与大圣兄弟三人，在城东半山内努力争持。这一场，正是那"铁刷帚刷铜锅，家家挺硬"。

释义：比喻强手相遇，互不相让，难分高低。也作"铁刷帚扫铜锅"。

仿写闯关

● 下面这个片段形象地描写了猪八戒的动作、语言、神态，生动地刻画了他贪生怕死的性格特点。请你仿写一个小片段，注意抓住人物鲜明的语言风格、性格特点。

八戒害怕，急抽身往草里一钻，也管不得荆针棘刺，也顾不得刮破头疼，战兢兢的，在草里听着梆声。随后行者赶到……被老魔一口吞之。唬得个呆子在草里囊囊咄咄（嘟嘟囔囔）的埋怨道："这个弼马温，不识进退！那怪来吃你，你如何不走，反去迎他！这一口吞在肚中，今日还是个和尚，明日就是个大恭也！"

大胆表达

● 请认真阅读下面几个问题，谈一谈自己的感想，也可以和同学一起讨论，看看能不能说服对方。

1. 想一想，太白金星为什么不直接通知唐僧师徒，而是要变成老人的样子来报信？
2. 狮驼岭上的三个魔头各有怎样的性格特点？

趣味答疑

● "狮驼国"在现实中有原型吗？

本节故事中出现了一个被妖怪占据的国度——狮驼国，根据专家们的考证，狮驼国的原型是喀喇汗王朝，也叫"黑汗"，这是回纥人和葛逻禄人于840年在现在的新疆、中亚建立起来的封建政权。

这个王朝曾经有两个汗王（游牧民族首领的称号，也叫"可汗"），大汗自称"狮子汗"，小汗自称"公驼汗"。这两个名字合在一起，恰好就是"狮驼"。史料记载，这个王朝还喜欢在贵族称号前面加上禽兽的名称，比如，猎鹰、老虎、大象等，这与他们早期的游牧生活有密切的关系。而作者可能也是由此得到了灵感，创编出狼守城门、老虎做总管、城中到处都是妖怪的狮驼国。

39.狮驼岭三魔头 | 11

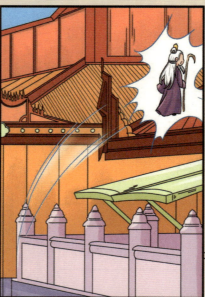

生字闯关

jīng jué　qì gài　chí huǎn　jǐn náng
惊 觉　气 概　迟 缓　锦 囊

pīng tíng　qī líng　juàn liàn　pán huán
娉 婷　欺 凌　眷 恋　盘 桓

多音字大挑战

抹
mǒ　　mò　　mā
涂抹｜拐弯抹角｜抹布

坊
fāng　　fáng
牌坊｜染坊

畜
chù　　xù
牲畜｜畜牧

词语充电

轰轰烈烈
- 释义：形容声势浩大，气势雄伟。轰轰，象声词，指巨大的声响；烈烈，火势旺盛的样子。
- 出处：阴风刮暗一天星，惨雾遮昏千里月。起初时，还荡荡悠悠；次后来，就轰轰烈烈。
- 例句：他摩拳擦掌，准备干一番轰轰烈烈的事业。
- 近义词积累：声势浩大、大张旗鼓

不知去向
- 释义：不知道去了哪里。
- 出处：……将身化作一道寒光，落入皇宫内院，把进贡的妖后带出宫门，并化寒光，不知去向。
- 例句：他重重地倒在地上，眼镜也摔得不知去向了。
- 近义词积累：无影无踪、杳如黄鹤

40. 比丘国救童子

七窍烟生

释义：即七窍生烟，指愤怒到好像口、眼、耳、鼻都要喷出烟来，形容生气到极点的样子。七窍，指头部的七个孔窍（口、眼、耳、鼻）。

出处：那三藏才与八戒、沙僧领御斋，忽闻此言，唬得三尸神散，七窍烟生，倒在尘埃，浑身是汗，眼不定睛，口不能言。

例句：预计稳赢的比赛竟然输了，教练和队员们气得七窍生烟。

近义词积累：怒形于色、暴跳如雷

名言积累

天无二日，人无二理

原文：驿丞道："'天无二日，人无二理。'养育孩童，父精母血，怀胎十月，待时而生；生下乳哺三年，渐成体相。岂有不知之理！"

释义：就像天上没有两个太阳一样，人世间也没有两样情理。指正确的道理只有一条。

君教臣死，臣不死不忠

原文：常言道："君教臣死，臣不死不忠；父教子亡，子不亡不孝。"他伤的是他的子民，与你何干！

释义：这是一句俗语，指旧时封建礼教认为大臣对君王必须绝对服从，甚至要死而无怨。

仿写闯关

● 下面这个片段描写了冬天的景色和人物的感受，请你找出作者写了哪些有特点的景物，再仿写一个描写冬景小片段。

又经数月，早值冬天，但见那：岭梅将破玉，池水渐成冰。红叶俱飘落，青松色更新。淡云飞欲雪,枯草伏山平。满目寒光迥,阴阴透骨冷。师徒们冲寒冒冷,宿雨餐风,正行间……

● 请认真阅读下面几个问题,谈一谈自己的感想,也可以和同学一起讨论,看看能不能说服对方。

1. 猜一猜,比丘国为什么要改名为"小子城"?
2. 比丘国国王把妖怪当成国丈,说明了什么道理?

趣味答疑

● 寿星是什么样的神仙?

本节故事的最后,寿星突然出现,带走了自己的坐骑白鹿(作恶多端的国丈),那么,寿星到底是谁呢?

寿星也叫南极老人星。这是南极天空中最亮的星,会持续不断地发光,符合人们追求人寿长久的心愿,所以就成了"长寿"的象征。在神话故事中,寿星常常和福星、禄星一起出现,被人们称为"福禄寿"三星。

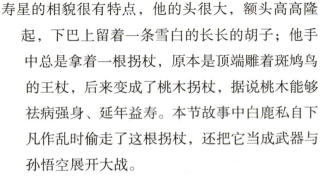

寿星的相貌很有特点,他的头很大,额头高高隆起,下巴上留着一条雪白的长长的胡子;他手中总是拿着一根拐杖,原本是顶端雕着斑鸠鸟的王杖,后来变成了桃木拐杖,据说桃木能够祛病强身、延年益寿。本节故事中白鹿私自下凡作乱时偷走了这根拐杖,还把它当成武器与孙悟空展开大战。

41 被困无底洞

生字闯关

miǎn qiǎng　zōng yǐng　fāng fēi　ní nán
勉　强　　踪　影　　芳　菲　　呢　喃

láng bèi　xiáng ruì　fán lóng　bào yuàn
狼　狈　　祥　瑞　　樊　笼　　抱　怨

多音字大挑战

咽	稽	蒙
yān 咽喉 ｜ yàn 吞咽 ｜ yè 哽咽	qǐ 稽首 ｜ jī 稽查	mēng 蒙骗 ｜ méng 蒙蔽 ｜ měng 蒙古包

词语充电

做小伏低 ▲

释义：形容低声下气，巴结奉承的样子。

出处：如今脱却天灾，做小伏低，与你做了徒弟。想师父头顶上有祥云瑞霭罩定，径回东土……

例句：他在朋友面前做小伏低的样子，真令人心酸。

近义词积累：伏低做小、低声下气

虚情假意 ▲

释义：形容待人毫无诚意，只是装着热情，其实态度很敷衍。

出处：那妖精巧语花言，虚情假意，忙忙的答应道："师父，我家住在贫婆国……"

例句：你需要分清楚，谁对你是虚情假意的，谁对你是满腔赤诚的。

近义词积累：花言巧语、假仁假义

41. 被困无底洞

见利忘义

释义：看见了利益，就忘记了道义。形容人贪图利益，不顾道义。
出处：似你这个重色轻生，见利忘义的馕糟，不识好歹，替人家哄了招女婿……
例句：真没想到，看上去老实巴交的他竟然是一个见利忘义的小人。
近义词积累：利令智昏、利欲熏心

名言积累

不信直中直，须防仁不仁

原文：三藏道："说那里话！'不信直中直，须防人不仁。'我也与你走过好几处松林……"

释义：这句谚语的意思是不要相信表面上的正直，需要防备对方心存不良。

勿以善小而不为，勿以恶小而为之

原文：唐僧道："徒弟呀，古人云：'勿以善小而不为，勿以恶小而为之。'还去救他救罢。"

释义：不要因为善事太小就不去做，也不要因为坏事太小就肆意妄为。

仿写闯关

● 下面这段话表面上是用对比手法写出杨木和檀木的特点，实则以物喻人，写出了两种不同性格的人。请你体会这样写的好处，再仿写一段以物喻人的文字。

行者道："一样是杨木，一样是檀木。杨木性格甚软，巧匠取来，或雕圣像，或刻如来，妆金立粉，嵌玉妆花，万人烧香礼拜，受了多少无量之福。那檀木性格刚硬，油房里取了去，做柞撒（油房用以榨油的楔子），使铁箍箍了头，又使铁锤往下打，只因刚强，所以受此苦楚。"

大胆表达

● 请认真阅读下面几个问题，谈一谈自己的感想，也可以和同学一起讨论，看看能不能说服对方。

1. 孙悟空一共下了几次无底洞？最后是如何救出唐僧的？
2. 托塔李天王对孙悟空的态度为什么会出现那么大的变化？

趣味答疑

● 现实中有"无底洞"吗？

在本节故事中，唐僧被金鼻白毛老鼠精抓入了无底洞，孙悟空跳入洞中查看，却发现里面极深远的地方竟别有洞天——有花草树木、各种生物，孙悟空不禁发出赞叹："这里也是个洞天福地。"

事实上，在现实中也存在着不少深不见底的洞穴，格鲁吉亚境内的库鲁伯亚拉洞穴便是其中之一，就连最出色的探险家携带着最精良的设备，也无法到达洞底，所以没人知道它确切的深度是多少。洞穴内部并不是直来直去的，而是弯弯曲曲的，其中有形状各异的钟乳石、千奇百怪的地底生物，还有地下瀑布、地下湖等，构成了一个让人目不暇接的地下世界。

41.被困无底洞

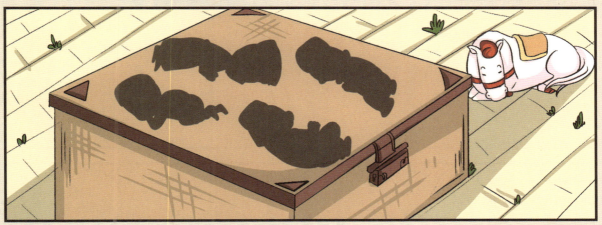

42. 灭法国剃头

生字闯关

pì jìng	dàng yàng	shāng gǔ	níng wàng
僻静	荡漾	商贾	凝望

kuǎn dài	suǒ xìng	jiāo lóng	bāo biǎn
款待	索性	蛟龙	褒贬

多音字大挑战

曲		尽		的			
qū	qǔ	jìn	jǐn	de	dí	dì	dī
曲线	戏曲	用尽	尽管	我的	的确	目的	打的

词语充电

陆陆续续

释义：指有先有后，时而中断，时而连续。

出处：这两年陆陆续续，杀够了九千九百九十六个无名和尚，只要等四个有名的和尚，凑成一万，好做圆满哩。

例句：放学了，同学们背着书包，陆陆续续地走出教室。

近义词积累：断断续续、接二连三

虎穴龙潭

释义：虎藏身的洞穴，龙居住的深潭。比喻十分危险的地方。也作"龙潭虎穴"。

出处：我们曾遭着那毒魔狠怪，虎穴龙潭，更不曾伤损。

例句：事已至此，即便前面是虎穴龙潭，我们也只能闯一闯。

近义词积累：虎窟狼窝、刀山火海

拨云见日

释义：拨开乌云，看见太阳。比喻冲破黑暗见到光明，也比喻疑团消除，心里顿时变得明白。

出处：今得见陛下龙颜，所谓拨云见日。

例句：听完老师的讲解，同学们就像拨云见日，豁然开朗了。

近义词积累：心开目明、水落石出

名言积累

海阔从鱼跃，天空任鸟飞

原文：老菩萨，古人云："海阔从鱼跃，天空任鸟飞。"怎么西进便没路了？

释义：辽阔的大海任凭鱼儿欢跃，高远的天空任凭鸟儿飞翔。比喻在广阔的天地中，有志气有抱负的人可以自由地施展才能。

先小人，后君子

原文：如今先小人，后君子，先把房钱讲定，后好算帐。

释义：指先把计较利益得失的话说在前头，再讲礼貌、情谊。

仿写闯关

● 下面这个片段描写了暮色下灭法国城内的景象，其中巧妙嵌入从十到一的数字写景（也叫"十字令"），使文字更显别致。请你在阅读后仿写一个小片段，尝试加入一些数字。

看一会，渐渐天昏，又见那：十字街灯光灿烂，九重殿香蔼钟鸣。七点皎星昭碧汉，八方客旅卸行踪。六军营，隐隐的画角才吹；五鼓楼，点点的铜壶初滴。四边宿雾昏昏，三市寒烟蔼蔼。两两夫妻归绣幕，一轮明月上东方。

大胆表达

● 请认真阅读下面几个问题,谈一谈自己的感想,也可以和同学一起讨论,看看能不能说服对方。

1. "灭法国"为什么会叫这个名字?为什么后来改名为"钦法国"?
2. 在这一节中,孙悟空是如何渡过难关的?你从中学到了什么?

趣味答疑

● 和尚为什么要剃光头?

在本节故事中,孙悟空为了教训迫害和尚的灭法国国王,采用了"以其人之道还治其人之身"的办法——给国王、后妃、大小官员都剃了光头,让他们也成了"和尚",这才令他们认识到了自己的错误。

和尚剃光头,在佛教中称为"剃度",也叫"削发为僧"。佛教认为头发代表着人的欲望和烦恼,甚至有"三千烦恼丝"的说法,把头发剃光,也就除去了这些东西,以后可以一心一意地修行。另外,古人讲究"身体发肤受之父母",不能轻易毁伤,而加入佛门时剃光头发,意味着和世俗世界以及父母、亲朋好友告别。当然,剃度之后头发还会生长,所以和尚需要经常剃头,一般半个月到一个月就要剃一次。

43 连环洞徒弟祭师父

生字闯关

bàng chuí	sī dǎ	chěng néng	bí tì
棒 槌	厮 打	逞 能	鼻 涕

chèn yǔ	tǎng ruò	bì jìng	nà hǎn
谶 语	倘 若	毕 竟	呐 喊

多音字大挑战

遂		勒		当	
suí	suì	lēi	lè	dāng	dàng
半身不遂	遂心	勒紧	勒索	当然	上当

词语充电

探囊取物 ▲

释义：好像把手伸进口袋取东西一样方便。比喻事情很容易办成。

出处：大王却在半空伸下拿云手去捉这唐僧，就如探囊取物，就如鱼水盆内捻苍蝇……

例句：只要做好充足的准备，做这件事就像探囊取物一样容易。

近义词积累：手到擒来、唾手可得

有勇无谋 ▲

释义：只有勇气，却没有智谋。形容做事只知道蛮干，不会用谋略。

出处：我要现本相，赶上前一棍子打杀，显得我有勇无谋，且再变化进去，寻那老怪……

例句：他有一身的好武功，却有勇无谋，结果掉进了敌人设下的陷阱。

近义词积累：勇而无谋、匹夫之勇

43. 连环洞徒弟祭师父

> **释义**：原形容天地广阔，后比喻恩泽深厚，也比喻事情艰巨、复杂或十分重大。
>
> **出处**：却将那老老爷解下救出，连孩儿都解救出来。此诚天高地厚之恩！
>
> **例句**：这个年轻人不知道天高地厚，竟然对如此重大的项目胡乱发表意见。
>
> **近义词积累**：高天厚地、天高地阔

名言积累

父在，子不得自专

原文：行者道："兄弟莫题。古书云：'父在，子不得自专。'师父又在此，谁敢先去？"

释义：指父亲在场，子女不应当擅自做主。泛指有长辈在场的时候，晚辈不能擅自做主或行动。

一不做，二不休

原文：一不做，二不休，左右帅领家兵杀那和尚去来！

释义：要么不做，做了就索性做到底。指事情既然已经开了头，就干脆一直做完。

仿写闯关

● 下面这个片段描写了猪八戒与豹子精对打的场面，其中对动作、声音等的描写非常精彩。请你仿写一个动作场面（如同学一起踢足球、打篮球等），尽量做到节奏紧凑、精彩纷呈。

　　他两个在山凹里，这一场好杀：九齿钉钯，一条铁棒。钯丢解数滚狂风，杵运机谋飞骤雨……那个杵架犹如蟒出潭，这个钯来却似龙离浦。喊声叱咤振山川，吆喝雄

威惊地府。两个英雄各逞能，舍身却把神通赌。八戒长起威风，与妖精厮斗。那怪喝令小妖把八戒一齐围住不题。

大胆表达

● 请认真阅读下面几个问题，谈一谈自己的感想，也可以和同学一起讨论，看看能不能说服对方。

1. "分瓣梅花计"到底是什么？唐僧师徒中计了吗？
2. 你认为"先锋"给豹子精出的各种主意有用吗？为什么？

趣味答疑

● 豹子精自称"南山大王"，孙悟空为什么很不服气？

本节故事中，豹子精高呼"我是南山大王"，孙悟空一听便勃然大怒，直接骂道："这个大胆的毛团！你能有多少的年纪，敢称'南山'二字？"

这里的"南山"指的是陕西境内的"终南山"，这座山是道教发源地之一，一直是长寿的代名词，像我们熟悉的成语"寿比南山"，就是祝愿老年人的寿命像终南山一样长久；"南山不老松"也成了夸人长寿、精神矍铄的吉祥话。不仅如此，古人以南为尊，宫殿和庙宇面朝正南方，帝王的座位也是坐北朝南，可见"南山大王"是一个非常神气的称谓，豹子精的本领不大，修炼的年头也不长，却自视甚高，所以孙悟空才会这么不服气。

43.连环洞徒弟祭师父 | 47

生字闯关

幽深(yōu shēn)　荒凉(huāng liáng)　稀罕(xī han)　羽翼(yǔ yì)

恍惚(huǎng hū)　指教(zhǐ jiào)　贩卖(fàn mài)　坠落(zhuì luò)

多音字大挑战

堡		
bǎo	pù	bǔ
城堡	十里堡	堡子

间	
jiān	jiàn
之间	间隔

吐	
tǔ	tù
吐气	呕吐

词语充电

翻江搅海 ▲

释义：比喻力量强大或声势壮大，也形容吵闹得很凶或是把事情搞得乱七八糟。

出处：我老孙翻江搅海，换斗移星，踢天弄井，吐雾喷云，担山赶月，唤雨呼风，那一件儿不是幼年耍子的勾当……

例句：这个"小霸王"在亲戚家翻江搅海，让父母觉得很难为情。

近义词积累：翻江倒海、移山倒海

刻骨镂心 ▲

释义：铭刻在心灵深处。形容记忆极为深刻，无法忘怀。

出处：仍买治民间田地，与老爷起建寺院，立老爷生祠，勒碑刻名，四时享祀。虽刻骨镂心，难报万一，怎么就说走路的话！

例句：那件事给他的教训刻骨镂心，他发誓再也不会犯同样的错。

近义词积累：刻骨铭心、铭心镂骨

44.凤仙郡求雨

神思恍惚

释义：形容心神不安，精神不集中。神思，精神，神志。恍惚，神志不清的样子。

出处：这两年忆念在心，神思恍惚，无处可以解释。不知上天见罪，遗害黎民。

例句：她整天想着那件事情，神思恍惚，竟然从楼梯上摔了下来。

近义词积累：精神恍惚、神情恍惚

名言积累

苍蝇包网儿，好大面皮

原文：行者笑道："该与不该，烦为引奏引奏，看老孙的人情何如。"葛仙翁道："俗语云：'苍蝇包网儿，好大面皮！'"

释义：苍蝇头很小，却要包上网充出大脸面。比喻人不自量力，以为自己的面子很大。

人心生一念，天地悉皆知

原文：正是那古诗云："人心生一念，天地悉皆知。善恶若无报，乾坤必有私。"

释义：人要是生出一个念头，天地鬼神都会知晓。以此告诫人不能生坏心思。

仿写闯关

● 下面这个片段综合运用了多种写作手法，描写了凤仙郡雷电交加、大雨滂沱的景象。请你画出自己喜欢的句子，再仿写一段"下大雨"的文字。

漠漠浓云，濛濛黑雾。雷车轰轰，闪电灼灼。滚滚狂风，淙淙骤雨……好雨倾河倒海，蔽野迷空。檐前垂瀑布，窗外响玲珑。万户千门人念佛，六街三市水流洪。东西河道条条满，南北溪湾处处通。槁苗得润，枯木回生。田畴麻麦盛，村堡豆粮升。客旅喜通贩卖，农夫爱尔耘耕。从今黍稷多条畅，自然稼穑得丰登。风调雨顺民安乐，海晏河清享太平。

大胆表达

● 请认真阅读下面几个问题，谈一谈自己的感想，也可以和同学一起讨论，看看能不能说服对方。

1. 凤仙郡郡守犯了什么错误，才使治下遭受了这场严重的旱灾？
2. 玉皇大帝最后为什么同意给凤仙郡降雨？

趣味答疑

● 现实中有没有三年不下雨的地方？

本节故事中的凤仙郡三年没有下雨，庄稼颗粒无收，百姓无法生存，过着十分悲惨的生活。

在现实中，也有一些地方多年不下雨。比如，南美洲智利北部的阿塔卡马沙漠，年降水量仅为 2.5 毫米，而沙漠地区蒸发量又很大，这一点儿水还没来得及形成雨滴，就瞬间消失了，所以这里成了世界上降水量最少的地方。还有一座滨海城市伊基克也是常年干旱，年降水量低于 20 毫米，人们平时的饮用水和生活用水都是从外地运进来的，但由于这里受到海洋气候的影响，气温适宜，不冷不热，所以也吸引了不少人在此定居生活。

生字闯关

jìn rùn	ēn huì	mào shèng	fàng sì
浸润	恩惠	茂盛	放肆

zhù zào	zūn shǒu	shī zhǎn	qióng jiāng
铸造	遵守	施展	琼浆

多音字大挑战

削		奔		只	
xuē	xiāo	bēn	bèn	zhǐ	zhī
剥削	削皮	奔跑	投奔	只有	只身

词语充电

锦上添花 ▲

释义：在美丽的锦上再绣上花朵。比喻美上加美，好上加好。锦，丝织物的一种。

出处：起初时人与棒似锦上添花，次后来不见人，只见一天棒滚。八戒在底下喝声采……

例句：他写的答案都很正确，工整的字迹更是为试卷锦上添花。

近义词积累：如虎添翼、精益求精

扬威耀武 ▲

释义：宣扬自己的威风，炫耀强大的武力。也作"耀武扬威"。

出处：弟兄三个即展神通，都在那半空中，一齐扬威耀武。

例句：他故意在众人面前扬威耀武，生怕被人看出自己的弱点。

近义词积累：扬威曜武、扬武耀威

45. 丢失的兵器

穷寇勿追 ▲

释义：即"穷寇莫追"。不要追击无路可走的敌人，以免敌人走投无路疯狂反扑，反而会让自己处于不利局面。也比喻不能逼人太甚。

出处：行者道："且让他去。自古道：'穷寇勿追。'且只来断他归路。"八戒依言。

例句：别忘了"穷寇勿追"的道理，做事要给对手留一点儿余地。

近义词积累：归师勿掩、穷寇勿迫

名言积累

物有几等物，人有几等人

原文：常言道："物有几等物，人有几等人。"如何不分个贵贱？

释义：指物和人都有好坏的差异。

教训不严师之惰，学问无成子之罪

原文：古人云："训教不严师之惰，学问无成子之罪。"汝等既有诚心，可去焚香来拜了天地，我先传你些神力，然后可授武艺。

释义：教育不严格是老师怠惰，学习没有成果是学生的责任。

仿写闯关

● 下面这个片段描绘了一幅繁华热闹的城市图景，请你想一想作者描绘了哪些景象（如街市、建筑物、居民、景物、动物等），再选一座你喜欢的城市，仿写一个小片段。

过了吊桥，入城门内，又见那大街上酒楼歌馆，热闹繁华。果然是神州都邑。有诗为证。诗曰：锦城铁瓮万年坚，临水依山色色鲜。百货通湖船入市，千家沽酒店垂帘。楼台处处人烟广，巷陌朝朝客贾喧。不亚长安风景好，鸡鸣犬吠亦般般。

大胆表达

● 请认真阅读下面几个问题，谈一谈自己的感想，也可以和同学一起讨论，看看能不能说服对方。

1. 孙悟空三兄弟为什么愿意做三位王子的师父？
2. "九灵元圣"的真实身份是什么？他最后被谁降伏？

趣味答疑

● 玉华州的物价便宜吗？

唐僧师徒进入玉华州后，听见街上的人讨论物价，说"白米四钱一石，麻油八厘一斤"，便发出感慨，认为这里真是"五谷丰登之处"，这是为什么呢？

原来，西游记的作者吴承恩生活在明代，明万历元年（1573），他完成了《西游记》的撰写，《西游记》在万历二十年（1592）出版。据史料记载，万历年间白米每石八钱（这里的"石"读dàn，是古代的质量单位，一石为一百二十斤），到了丰年，大米增产，价格下跌，定价也要五钱一石，可见玉华州的米价是很便宜的。至于麻油的价格，当时一般在一斤三分至六分之间波动，而玉华州的麻油一斤还不到一分钱（十厘为一分），可见油价也十分便宜。这说明当地粮食、油类作物产量丰富，老百姓不愁吃、不愁穿，过着富足的生活，难怪唐僧师徒会连连称赞。

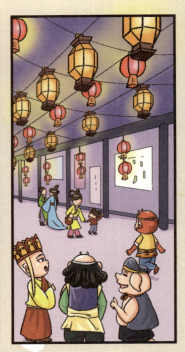

生字闯关

pái huái　yuán xiāo　shēng xiāo　yǐn nì
徘 徊　　元 宵　　笙 箫　　隐 匿

táo dùn　hūn àn　xún luó　dǎn qiè
逃 遁　　昏 暗　　巡 逻　　胆 怯

多音字大挑战

颈		哗		号	
jǐng	gěng	huá	huā	háo	hào
颈项	脖颈子	喧哗	哗啦	号叫	号令

词语充电

乐极生悲 ▲

释义：快乐到了极点，转而发生了令人悲哀的事情。

出处：行者叫道："兄弟！不须在此叫唤。师父乐极生悲，已被妖精摄去了！"

例句：他因为中了大奖激动得又蹦又跳，不料乐极生悲，竟撞上了汽车，受了重伤。

近义词积累：乐极哀来、乐极生哀

拔刀相助 ▲

释义：拔出刀来帮助被欺负的人。形容主持正义，见义勇为。

出处：快点水兵。想是犀牛精辟寒、辟暑、辟尘儿三个惹了孙行者。今既至海，快快拔刀相助。

例句：要不是他路见不平拔刀相助，这些游客就会受到歹徒的欺辱。

近义词积累：拔刀相济、打抱不平

青红皂白

释义：比喻事情的是非或原因、来龙去脉等。皂，黑色。

出处：三个老妖正把唐僧拿在那洞中深远处，那里问甚么青红皂白，教小的选剥了衣裳……

例句：爸爸正在气头上，不分青红皂白地把媛媛骂了一顿。

近义词积累：是非曲直、是非黑白

名言积累

闻名不曾见面，见面羞杀天神

原文：那妖喝道："你是那闹天宫的孙悟空？真个是'闻名不曾见面，见面羞杀天神'！你原来是这等个猢狲儿，敢说大话！"

释义：只听过名声没见过面，见过面却让人为之羞愧。指对方名不副实。

泰极生否，乐盛成悲

原文：功曹道："你师父宽了禅性，在于金平府慈云寺贪欢，所以泰极生否，乐盛成悲，今被妖邪捕获……"

释义：事情发展到了一定程度，就会转化为相反的一面，像《周易》中代表吉祥亨通的泰卦会转为代表闭塞不通的否卦，快乐的情绪也会转为悲伤的情绪。

仿写闯关

● 下面这个片段描写了金平府元宵节赏花灯的情景，其中灯火与月光交相辉映的画面颇有诗情画意。请你在阅读文段后画出自己喜欢的句子，再仿写一个描写元宵节场景的小片段。

正是：三五良宵节，上元春色和。花灯悬闹市，齐唱太平歌。又见那六街三市灯亮，半空一鉴初升。那月如冯夷推上烂银盘，这灯似仙女织成铺地锦。灯映月，增一倍光辉；月照灯，添十分灿烂。观不尽铁锁星桥，看不了灯花火树……万千家灯火楼台，十数里云烟世界。

46. 大战犀牛精

大胆表达

● 请认真阅读下面几个问题，谈一谈自己的感想，也可以和同学一起讨论，看看能不能说服对方。

1. 金平府的"佛爷"到底是谁？为什么当地的老百姓会轻易上当？

2. 为了降伏妖怪，孙悟空找来了哪些"好帮手"？

趣味答疑

● 辟寒、辟暑、辟尘三个魔王的原型是什么？

孙悟空经过一番打探，才知道三个魔王的真身是犀牛。犀牛是第二大陆生动物，体重可达两三吨重，体长最长能达四五米，可是，庞大的个头儿并不能让它们摆脱濒临灭绝的命运，因为它们的角有装饰作用和药用价值，所以遭到了大量捕杀，导致数量越来越少。现在还生活在地球上的犀牛只有五种，其中有两种都在灭绝的边缘挣扎。这五种犀牛的总数量不到三万只，因此人类将它们列入了《世界自然保护联盟濒危物种红色名录》，对其予以重点保护。

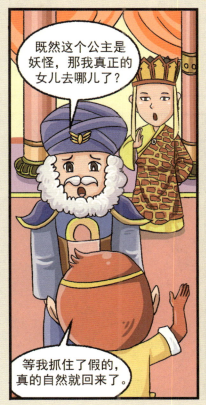

生字闯关

fáng yù	dǎ tàn	shōu liǎn	jì mò
防御	打探	收敛	寂寞

chán gōng	qiāng dí	zì yì	pāo zhì
蟾宫	羌笛	恣意	抛掷

多音字大挑战

悄
- qiǎo 悄然
- qiāo 悄悄地

假
- jiǎ 假装
- jià 放假

供
- gōng 供应
- gòng 供奉

词语充电

话不虚传 ▲

释义：指流传的话不是假的，和事实相符。

出处：三藏道："话不虚传果是真！"又问道："才进宝山，见门下两廊有许多骡马车担的行商，为何在此歇宿？"

例句：大家都说这个人为人正直、乐于助人，果然话不虚传。

近义词积累：名不虚传、名副其实

撑肠拄腹 ▲

释义：形容吃得非常饱，也比喻容纳、接受的东西太多。

出处：那八戒吃了又添，添了又吃，直吃得撑肠拄腹，方才住手。

例句：这顿晚宴持续了三小时，每位宾客都吃得撑肠拄腹。

近义词积累：撑肠拄肚、酒足饭饱

玉叶金枝

释义：形容花木枝叶美好的样子。后多指出身高贵的皇族子孙、公子小姐等，也比喻娇嫩柔弱的女子。也作"金枝玉叶"。

出处：贫僧是出家异教之人，怎敢与玉叶金枝为偶！万望赦贫僧死罪，倒换关文，打发早赴灵山，见佛求经，回我国土，永注陛下之天恩也！

例句：她的家庭条件十分优越，本人也总是娇滴滴的，真像个玉叶金枝的公主。

近义词积累：玉叶金柯、玉枝金叶

名言积累

聆音而察理，见貌而辨色

原文：行者笑道："谨领！谨领！我到城中，自能聆音而察理，见貌而辨色也。"

释义：这句话出自《千字文》的"聆音察理，鉴貌辨色"，指听人说话要明辨是非曲直；看人容貌，要小心分辨神情的邪正。聆，听；鉴，分辨，鉴别。

渔翁抛下钩和线，从今钓出是非来

原文：呀！那知此去，却是渔翁抛下钩和线，从今钓出是非来。

释义：比喻某事已经布下了由头，很快就会引出一场是非来。

仿写闯关

● 下面这个片段用春风过园、吹乱百花的情景借喻国王、后妃、宫女跌跌撞撞、东躲西藏的狼狈样子，请你体会这样写的好处，尝试仿写一个以景喻人的小片段。

唬得那国王呆呆挣挣，后妃跌跌爬爬，宫娥彩女，无一个不东躲西藏，各顾性命。好便似：春风荡荡，秋气潇潇。春风荡荡过园林，千花摆动；秋气潇潇来径苑，万叶飘摇。刮折牡丹欹槛下，吹歪芍药卧栏边。沼岸芙蓉乱撼，台基菊蕊铺堆。海棠无力倒尘埃，玫瑰有香眠野径……好花风雨一宵狂，无数残红铺地锦。

大胆表达

● 请认真阅读下面几个问题，谈一谈自己的感想，也可以和同学一起讨论，看看能不能说服对方。

1. 玉兔精为什么要摄走天竺国公主？
2. 用自己的话简单说说孙悟空擒获玉兔精的经过。

趣味答疑

● "玉兔"是什么样的神兽？

本节故事中的玉兔精本是在广寒宫中捣药的神兽玉兔，后来溜出宫门，逃到下界，在人间作乱。这里的"广寒宫"是神话传说中位于月亮上的宫殿。

与"玉兔"有关的神话故事由来已久，晋代就有"月中何有，玉兔捣药"的诗句。据说玉兔在进入广寒宫前曾侍奉过西王母，是捣药侍者，有治病、延寿的责任，所以受到了人们的喜爱和尊奉。在很多影视作品、连环画中，我们也能看到玉兔是一个拿着药杵的小兔子的形象，人们还常常把它看成嫦娥的随从和宠物。但有时它也会被塑造成威武又可爱的将军形象，民间称为"兔儿爷"，是孩子们喜欢的玩具。

47. 真假公主之谜

48. 被冤枉的师徒

生字闯关

淋漓 lín lí　倒塌 dǎo tā　抵赖 dǐ lài　陷害 xiàn hài

无辜 wú gū　冤枉 yuān wang　捕获 bǔ huò　馨香 xīn xiāng

多音字大挑战

刺		轴		奇	
cì	cī	zhóu	zhòu	qí	jī
刺史	刺溜	车轴	压轴	奇葩	奇数

词语充电

流星赶月 ▲
- **释义**：像流星追赶月亮一样，比喻行动非常迅速。
- **出处**：你看那上汤的上汤，添饭的添饭，一往一来，真如流星赶月。
- **例句**：爷爷一听到这个好消息，就如流星赶月般去大伯家报喜了。
- **近义词积累**：风驰电掣、追星赶月

蓬荜生辉 ▲
- **释义**：使陋室增添光辉。指贵客的到来让主人感到十分荣幸。
- **出处**：……家父斋僧二十余年，更不曾遇着好人，今幸圆满，四位下降，诚然是蓬荜生辉。
- **例句**：您大驾光临，让寒舍蓬荜生辉，我们不胜荣幸。
- **近义词积累**：柴门有庆、蓬门生辉

珠围翠绕 ▲

释义：在珍珠、翡翠的环绕中。形容配饰华丽奢侈，也比喻身边有众多随侍的女子。

出处：这一场富贵，真赛过珠围翠绕，诚不亚锦帐藏春！

例句：刘姥姥进了门，看见贾母身边珠围翠绕，个个花枝招展，顿觉眼花缭乱。

近义词积累：花团锦簇、珠围翠拥

名言积累

起头容易结梢难

原文：常言道："起头容易结梢难。"只等我做过了圆满，方敢送程。

释义：事情开头容易，想要获得满意的结果却很难。

好处安身，苦处用钱

原文：行者道："他打是要钱哩，常言道：'好处安身，苦处用钱。'如今与他些钱便罢了。"

释义：出门在外的人遇到好的地方便可安身，遇到有麻烦、灾祸的地方就需要破费。指陷入困境时要舍得花钱想办法摆脱。

仿写闯关

● 下面这个片段描写了官兵捉拿唐僧师徒的情景，请注意其中的动作细节以及师徒四人各自不同的表情、心理，再仿写一段能够体现多个人物神态、心理变化的小片段。

　　一拥上前，先把唐僧抓下马来，用绳捆了；又把行者三人，也一齐捆了；穿上杠子，两个抬一个，赶着马，夺了担，径转府城。只见那：唐三藏，战战兢兢，滴泪难言。猪八戒，絮絮叨叨，心中报怨。沙和尚，囊突突，意下踌躇。孙行者，笑唏唏，要施手段。

大胆表达

● 请认真阅读下面几个问题，谈一谈自己的感想，也可以和同学一起讨论，看看能不能说服对方。

1. 你如何评价寇员外一家苦留唐僧师徒的行为？
2. 唐僧师徒为什么会遭受这场不白之冤？

趣味答疑

● 《西游记》中多次出现的"昆玉"是什么意思？

本节故事中，唐僧称寇员外的两个儿子为"昆玉"，这种称呼在书中并不少见，比如，孙悟空也对龙王说过"看你昆玉分上"，意思就是"看在你兄弟几个的面子上"。可见"昆玉"是对别人兄弟的敬称。除了"昆玉"外，兄弟还可以被称为"昆仲"，"昆"古义为哥哥、胞兄，"仲"则是弟弟的意思；也可以被称为"棠棣"，因为这种花朵贴枝而生，紧密相连，就像兄弟一般亲近。"棠棣花开"就常被用来形容兄弟情深。

从这儿也能看出，古人使用称谓很注意礼貌、谦让，比如，称对方的父亲为"令尊"、母亲为"令堂"，称自己的父母为"家严""家慈"，称自己的弟弟妹妹为"舍弟""舍妹"，这种称谓礼仪值得我们学习。

生字闯关

huò dá　　jìng jiè　　niǔ nie　　zuò bì
豁 达　　境 界　　扭 捏　　作 弊

liáo liàng　ào miào　mǎ nǎo　yú mèi
嘹 亮　　奥 妙　　玛 瑙　　愚 昧

多音字大挑战

单
dān	shàn	chán
单调	姓单	单于

豁
huō	huò
豁口	豁达

乐
yuè	lè
鼓乐	快乐

词语充电

循规蹈矩 ▲
- 释义：原指遵守规矩，不敢违反。现多指拘泥于陈旧的准则，不敢稍做变通。
- 出处：这唐僧循规蹈矩，同悟空、悟能、悟净牵马挑担，径入山门。
- 例句：他做事循规蹈矩，从不敢越雷池半步。
- 近义词积累：循途守辙、墨守成规

奇珍异宝 ▲
- 释义：指稀奇、特殊、罕见的宝贝。
- 出处：二尊者即奉佛旨，将他四众领至楼下。看不尽那奇珍异宝，摆列无穷。
- 例句：故宫博物院中陈列着许多奇珍异宝，让游客们大开眼界。
- 近义词积累：奇珍异玩、稀世之宝

> **释义**：形容数不尽的、极多的艰难困苦。
> **出处**：功满行完宜沐浴，炼驯本性合天真。千辛万苦今方息，九戒三皈始自新。
> **例句**：她历经千辛万苦，终于找到了失散已久的亲人。
> **近义词积累**：千难万苦、千难万险

千辛万苦

名言积累

低头观落日，引手摘飞星

原文：师徒们夜宿晓行，又经有六七日，忽见一带高楼，几层杰阁。真个是：冲天百尺，耸汉凌空。低头观落日，引手摘飞星。

释义：低头就能观看落日的景象，抬手就能摘下天上飞过的星星。这是用夸张的手法极言建筑物之高。

望山走倒马

原文：常言道："望山走倒马。"离此镇还有许远，如何就拜！

释义：看着距离目标很近，实际上却相隔很远。同"望山跑死马"。

仿写闯关

● 下面这个片段描写了唐僧师徒在凌云渡独木桥前的表现，其中语言、动作、表情刻画生动、细腻，能够体现不同人物的性格特点。请你在阅读后仿写一个与同学或朋友相处的有趣的场景。

　　好大圣，拽开步，跳上独木桥，摇摇摆摆。须臾，跑将过去，在那边招呼道："过来！过来！"唐僧摇手，八戒、沙僧咬指道："难！难！难！"行者又从那边跑过来，拉着八戒道："呆子，跟我走，跟我走！"那八戒卧倒在地道："滑！滑！滑！走不得！你饶我罢！让我驾风雾过去！"行者按住道："这是甚么去处，许你驾风雾？必须从此桥上走过，方可成佛。"八戒道："哥啊，佛做不成也罢，实是走不成！"

49. 错取无字经书

大胆表达

● 请认真阅读下面几个问题，谈一谈自己的感想，也可以和同学一起讨论，看看能不能说服对方。

1. 唐僧师徒是如何通过凌云渡的？
2. 唐僧师徒为什么一开始取到的是无字白经？

趣味答疑

● 二尊者公开讨要"人事（财物）"真是因为贪财吗？

唐僧师徒历经千辛万苦来到灵山取真经，不料二尊者竟向他们讨要财物，这让孙悟空十分生气，嚷嚷着要去找如来告状，谁知如来却说这件事自己是知情的，这到底是怎么回事呢？

原来，有弟子曾经去给人家诵经，收了三斗三升米粒黄金，看上去不少，如来却说："卖贱了，教后代儿孙没钱使用。"可见真经是极为贵重的，甚至可以说是无价之宝，想要不付出一点儿代价就取得真经，如来担心人们会不珍惜经书，那就失去取经的意义了。而唐僧后来拿出了唐王送的紫金钵盂，这件财物的意义远胜于其价格，如果二尊者真的贪财，就不会欣然接过，"微微而笑"，可见如来真正想要的是取经人最为看重、最为珍视的东西，这才能与真经的价值匹配。

50 最后的磨难

生字闯关

zhōu xuán	jī liè	fán yǎn	jì sì
周旋	激烈	繁衍	祭祀

chēng qiáng	jiǎo nà	xù jiǔ	duó kuí
逞强	缴纳	酗酒	夺魁

多音字大挑战

柏		垛		翘	
bǎi	bó	duǒ	duò	qiáo	qiào
柏树	柏林	城垛	草垛	翘首	翘课

词语充电

功成行满 ▲

释义：原指功德完成，道行圆满。现指事情有了圆满的结果。

出处：老爷取经回来，功成行满，怎么不到舍下，却在这里盘弄？

例句：他为了这件事绞尽脑汁、费尽心思，如今终于功成行满。

近义词积累：功完行满、行成功满

隐恶扬善 ▲

释义：不讲别人的坏处，只宣扬别人的好处。隐，隐瞒。

出处：孙悟空，汝因大闹天宫，吾以甚深法力，压在五行山下，幸天灾满足，归于释教。且喜汝隐恶扬善……

例句：李华为人厚道，总是隐恶扬善，所以结下了不错的人缘。

近义词积累：掩恶扬善、掩过扬善

全终全始

释义： 从头到尾都很完善。形容办事认真，有头有尾。全，齐备。终，结束。

出处： ……在途中炼魔降怪有功，全终全始，加升大职正果，汝为斗战胜佛。

例句： 一个负责任的人做事要全终全始，不能半途而废。

近义词积累： 善始善终、有始有终

名言积累

十日滩头坐，一日行九滩

原文： 大圣道："俗语云：'十日滩头坐，一日行九滩。'"

释义： 十天都在河滩头闲坐，有一天却要（驾船）经过九个河滩。比喻有时过于清闲，有时又忙得不可开交。

真人不露相，露相不真人

原文： 自古道："真人不露相，露相不真人。"恐为久淹，失了大事。

释义： 真正有能力、有身份的人总是特别低调，不轻易显露；那些总是喜欢自我卖弄的人其实并不是真的有本事。

仿写闯关

● 下面这个片段通过描写天气现象渲染了惊悚、紧张的氛围，请你体会作者是如何做到这一点的，再尝试仿写一个有氛围感的写景片段。

师徒方登岸整理，忽又一阵狂风，天色昏暗，雷闪并作，走石飞沙。但见那：一阵风，乾坤播荡；一声雷，振动山川。一个闪，钻云飞火；一天雾，大地遮漫。风气呼号，雷声激烈。闪掣红绡，雾迷星月。风鼓的沙尘扑面，雷惊的虎豹藏形，闪幌的飞禽叫噪，雾漠的树木无踪……

50.最后的磨难

大胆表达

● 请认真阅读下面几个问题，谈一谈自己的感想，也可以和同学一起讨论，看看能不能说服对方。

1. 观音菩萨为什么一定要安排唐僧师徒经历完"九九八十一难"？
2. 老鼋为什么会生气地把唐僧师徒丢进通天河？

趣味答疑

● 《西游记》中的"雁塔寺"在哪里？

《西游记》最后一回写道，唐僧取回真经后，到雁塔寺诵经，之后唐僧随八大金刚离开，唐太宗又选了高僧在雁塔寺重开水陆大会，传诵真经。

据专家推断，这里的雁塔寺其实就是西安的大慈恩寺，这座寺因为有大雁塔而格外出名。当年高僧玄奘（唐僧的原型）远赴印度学习佛法，后来带着657部佛经归来。随后他获得了唐王李世民的接见，还在大慈恩寺里主持修建大雁塔，专门用来保存从印度带回来的佛经、佛像，这和《西游记》里的描述是吻合的。大雁塔最初只有五层，后来加盖到了九层，最后固定下来，变成了我们现在看到的七层。塔高有60多米，在唐朝，它是长安城里最高大最显眼的地方，站在上面就能俯瞰整个长安城，所以文人墨客都喜欢登上大雁塔观赏风景，再吟诗作画，留下了不少佳作。